머리말

인류의 역사를 발전시킨 계기는 변화의 시기가 동력이 된 사건 즉 생명을 위험으로부터 지키는 방향으로 발전해 왔다고 볼 수 있다. 우리 인간의 삶은 안전을 보장하는 발전방안을 생활속에서 극복하면서 현재에 이르렀고 미래 또한 이러한 연속성계획을 통하여 발전해 나갈 것이다.

현재 우리는 다양한 위협과 위험으로부터 인간의 삶을 영위하기 위한 다양한 대응 활동을 하고 있다. 연속성계획은 이러한 요구사항과 발전을 위한 사회적 안전(Societal Security) 측면에서 리스크를 규명하고 규명된 리스크의 전이(Transfer)를 예측하고 영향력을 분석하여 피해를 최소화 할 수 있는 대응계획(Response Plan)을 수립하는 기본적 접근 방법론이다.

미래사회는 우리가 예측하기 힘든 방향으로 전개되고 있으며 신종 팬데믹·지구온난화로 인한 자연적 재앙과 자연의 훼손으로 인한 새로운 형태의 신종 사회재난의 시대를 맞게 될 것이다. 그 재난의 수준이 우리가 예측하는 수준이라면 인간은 그 문제를 해결하기 위한 최대의 역량을 발휘할 것이다.

많은 학문들은 향후 인류 생존과 관련된 융합학문과 적용 가능한 실용학문에 당위성을 둘 것이며 생존과 관련된 다양한 방법론이 제시될 것이다. 최악의 상황을 고려한 융합학문의 출발이 이미 시작되었고 모든 분야의 학문이 인간의 생명을 첫 번째로 다루는 시작의 새로운 관점에서 출발하고 있다.

융합학문은 공유성과 개별성을 동시에 갖고 있고 통합적 절차를 필요로 하는 시대에 연속성계획의 적용은 모든 융합학문의 기본이 될 것이다. 우리 인류의 존망에 융합학문을 적용함으로 공동의 목적을 달성할 수 있는 첫걸음이 될 것으로 생각하며 머리말에 올리는 글로 가슴에서 말하고 싶다.

저자 정영환/한채옥

업무연속성 구축 방법론

저자

정영환

한 채옥

목 차

제 1 장 업무연속성 개요

제 1 절 업무연속성 개요 ··· 5
   1. 업무연속성 정의 ··· 6
   2. 업무연속성 구성 ··· 7
   3. 업무연속성 범위 ··· 11

제 2 장 업무연속성계획

제 1 절 업무연속성계획 ··· 15
   1. 업무연속성계획 이란 ·· 15
   2. 업무연속성계획의 정의 ·· 16
   3. 업무연속성계획의 목적 ·· 16
   4. 업무연속성계획의 필요성 ·· 17
   5. 업무연속성계획의 구성 요소 ··· 18
   6. 업무연속성계획의 구축 프로세스 ································· 19

제 3 장 재난 대응 체계

제 1 절 미국의 재난 대응 체계 ··· 23
   1. 미국의 재난관리 표준체제(ANSI/NFPA1600) ············ 23
   2. NFPA 1600 수립 배경 ··· 23
   3. 미국의 국가사고 관리체계(NIMS) ······························· 26
   4. 미국 COOP 대응 프로세스 ·· 27
   5. COOP 계획의 요소들 ·· 28

목 차

제 2 절 미국의 재난현장 지휘 체계 ·· 29
   1. 미국 재난대비체계 ··· 29
   2. 미국의 재난현장지휘 체계 ··· 31

제 3 절 한국의 재난관리 표준 ·· 34
   1. PDCA 모델 ·· 36

제 4 절 국내 표준의 지휘통제 개념 ·· 38
   1. KS A ISO 22320:2014 사회안전-긴급사태관리 지휘통제 요구사항 38
   2. KS A ISO/PAS 22399:2008 사회안전(Societal Security) IPOCM, 사고대비 및 운영연속성관리 가이드라인 ·· 41

제 5 절 우리나라 재난 대응 체계 ·· 44
   1. 재난관리 5단계 ··· 44
   2. 대응의 목적 ·· 46
   3. 국가재난관리체계와 국가위기관리체계 ····························· 47
   4. 사회재난관리 모델 ·· 48
   5. 협업체계(Collaboration) ··· 49

제 6 절 우리나라 재난현장 지휘체계 ·· 50
   1. 재난현장 지휘체계의 개념 ··· 50
   2. 재난현장 지휘체계의 의의 ··· 50
   3. 법·제도상 재난현장 지휘체계 ·· 51
   4. 재난현장 대응 표준 모델 ·· 52
   5. 재난관리 현장 대응 13개 협력 기능 체계 ······················· 53
   6. 재난현장대응·수습체계 ·· 55

목 차

    7. 재난현장 지휘 및 협력체계 ··· 56
    8. 특수구조대 확대 ·· 57
    9. 재난대응체계 ·· 58
    10. 우리나라 국가 사고 관리 체계 ·································· 60
    11. 공공기관의 업무연속성(COOP) ·································· 61
    12. 협업기능(ESF, Emergency Support Function) ········· 62
    13. 국가기반시설의 공공 업무연속성 ······························ 63

제 4 장 재난관리를 위한 협업과 협력

  제 1 절 협업 ·· 67
    1. 협업의 개념 ·· 67
    2. 협업 모델 ·· 76
    3. 재난유형 AI 사례 협업모델 적용 ······························· 87
    4. 재난유형별 상황전개 협업 방법론 ····························· 91
  제 2 절 협력 ·· 94
    1. 상호협력기능 ·· 94
    2. 상호협력체계 ·· 96

제 5 장 RM (Risk Management)

  제 1 절 개요 ·· 101
    1. 리스크 관리의 정의 ··· 104

목 차

    2. 프로세스 ·· 105
    3. 목표 달성 ·· 106
    4. 리스크 관리의 구성 요소 ··· 109
    5. 리스크 관리와 경영 프로세스 ·································· 112
    6. 리스크 관리 체계 ··· 113
제 2 절 내부 환경 ··· 114
제 3 절 목표 수립 ··· 115
    1. 전략적 목표 ·· 117
    2. 관련 목표 ·· 118
제 4 절 사건 식별(Event Identification) ························· 120
    1. 사건(Event) ··· 120
    2. 영향을 주는 요소 ·· 121
제 5 절 리스크 평가 ·· 124
    1. 리스크 산정 ·· 127
    2. 리스크 평가 ·· 162
    3. 리스크 분석 ·· 163
제 6 절 리스크 대응 ·· 167
    1. 리스크 대응의 정의 ··· 167
    2. 리스크 대응 방법의 종류 ·· 167
    3. 리스크 대응 프로세스 ··· 168

목 차

제 7 절 리스크 통제 ··· 169
 1. 통제활동 개요 ··· 169
 2. 리스크 대응과의 통합 ·· 170
 3. 통제 활동의 유형 ··· 172
제 8 절 정보와 의사소통 ··· 175
 1. 정보 ··· 175
 2. 의사소통 ·· 176
제 9 절 모니터링 ·· 177

제 6 장 BIA (Business Impact Analysis)

제 1 절 BIA의 개요 ·· 181
 1. 업무영향분석 정의 ·· 181
제 2 절 업무 영향력 분석 방법 ·· 183
 1. 업무영향분석 수행절차 개요 ···································· 183
 2. 1단계 ··· 186
 3. 정성적 분석 ·· 190
 4. 정량적 분석 ·· 197
 5. 활동기준원가 ··· 198
제 3 절 주요 프로세스의 복구 시간 설정(RTO) ···················· 228
제 4 절 전략적 계획 ·· 232
 1. 전략적 고려사항 ··· 232
 2. 업무연관성 분석 ··· 236
 3. 최종 RTO/RPO 정의 ·· 237

목 차

제 7 장 ER (Emergency Response)

    제 1 절 개 요 ·· 241

        1. 전술 레벨 - 비즈니스연속성계획 ··· 244

        2. 운영 레벨 - 업무(부서별) 상세복구계획 ····························· 244

        3. Timeline ··· 246

업무연속성 구축 방법론

정영환

한채옥

제 1 장 업무연속성 개요

제 1 장 업무연속성 개요

제 1 절 업무연속성 개요

현대를 살아가는 우리에게 있어 위기는 일상적인 문제이다. 현대 사회를 위기의 사회라고 부를 수 있을 정도로 각종 재난으로 인해 크고 작은 피해가 세계 곳곳에서 발생하고 있다. 또한 위기의 종류는 매우 다양하여 우리 생활에서 위험하지 않은 곳이 없다고 해도 과언이 아니다.

또한, 예측하기 힘든 긴급사태로 인한 국가와 기업의 손실 규모가 날로 커지고 있다. 하지만 이에 대한 위기 대처능력은 그 발생 규모에 비해 터무니없이 미흡한 것이 현실이다.

이는 국내의 위기관리 체계가 사고중심의 처리방식에 적용하고 있기 때문에 아직도 후 조치의 관습을 벗어나지 못했음을 보여주는 좋은 예이다.

따라서 근본적인 해결책을 마련하기 위해서는 앞서 모든 상황을 예측, 분석하고 그에 따른 방안을 체계적으로 훈련/관리 할 수 있는 체계적인 재난관리체계의 수립과 이를 지원 할 수 있는 시스템 구축이 절대적이다.

업무연속성(Business Continuity Planning)은 이제 단지 논의의 대상이 아니라 국가와 공공기관 및 기업들의 당면 과제로 대두되고 있다.

지금까지의 복구는 백업센터 구축을 중심으로 한 정보기술 분야에만 초점을 맞추어 왔으나, 업무연속성은 비즈니스적인 관점에 초점을 맞추어야 한다.

즉 업무연속성은 더욱 넓은 범위에서 조직의 문화와 구조를 바탕으로 조직의 전략적인 차원에서 다루어져야 한다는 것이다.

한 기업의 업무 운영중단은 단순히 그 기업만의 문제로 돌릴 수 없으며 이는 그 규모에 따라 관련된 고객과 이해 당사자들의 문제일 뿐 아니라 나아가 그 조직이 국가 조직일 경우 대규모의 사회적인 문제로까지 확장될 것은 당연한 일이다.

1. 업무연속성 정의

업무연속성의 목적은 각종 재난으로 인한 긴급사태 발생 시 조직의 핵심 업무를 지속하고, 적정 시간 안에 순차적으로 비즈니스 사이클을 회복하는데 있다. 이러한 목적 자체는 언제 어디서나 변함이 없지만, 그 구성 내용과 운영 방안은 시대와 장소에 따라 조직의 문화와 그 업무 환경에 알맞도록 적절하게 그림 1-1과 같이 구성되어야 한다.

업무연속성은 비즈니스 운영의 연속성을 유지하기 위한 방법론으로 자연, 인간, 기술에 관련된 각종 요인으로 인하여 발생하는 사고 또는 긴급사태로 비즈니스 운영상에 문제가 생길 경우, 적정 시간 안에 순차적으로 업무 비즈니스 사이클을 회복하기 위한 계획을 수립하는 프로세스 체계이다. 따라서 업무연속성을 '비즈니스 상시운영 계획'이라고 번역한다.

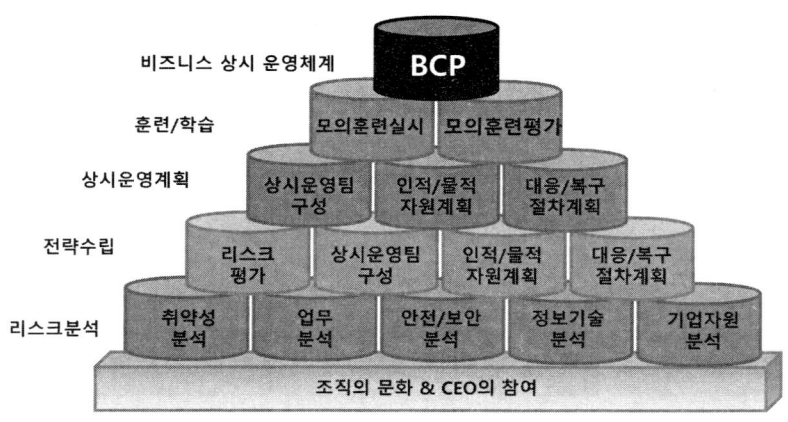

[그림 1-1] 업무연속성의 구조

업무연속성이 잘 구축되어 있는 조직은 재난을 당할 경우에도 적절한 상시 운영계획에 따라 손실의 범위를 최소화 시킬 수 있으나, 그렇지 못한 조직은 즉흥적인 임시방편으로 대처 할 수밖에 없으며 이로 인한 손실은 그 조직의 생존까지 위협할 수 있다. 따라서 보다 과학적으로 업무연속성 구축을 수행해야 할 것은 당연한 일이다. 아울러 어떠한 조직이라도 지식 기반의 사회로 발전해가는 과정에서 위기관리는 필연적인데 그 수단이 바로 업무연속성의 구현이라는 점이다.

2. 업무연속성 구성

업무연속성에 대한 인식은 일반적으로 정보시스템을 중심으로 한 데이터 자동 백업과 시스템 장애 진단에 초점이 맞추어져 있다. 대부분의 재난 복구 솔루션은 데이터 분산을 통한 이중관리를 기본으로 하는 자동 백업

시스템으로 주로 서버(server) 또는 저장장치(storage) 수준에서 운용되는 것이 일반적이다. 그러나 업무연속성은 비즈니스적 관점에서 전반적인 위기관리를 기반으로 한 리스크 평가, 상시운영계획, 대응 및 복구 활동, 훈련/학습, 위기전달 등을 그림 1-1과 같이 포함해야 한다.

업무연속성 구성 요소로는
첫째, 재난으로 분류되는 위기, 즉 리스크들 중에서 조직의 위약한 부분에 영향을 미칠 수 있는 리스크들을 분류하고, 그 조직과 관련된 리스크의 발생빈도와 영향의 크기를 예상하는 리스크 평가(risk assessment)이다.
둘째, 비즈니스 프로세스를 상실 했을 때 손실의 규모를 평가한다.
셋째, 리스크를 최소화 할 수 있는 전략을 수립하고, 최선의 대안을 준비하며, 예방의 시스템을 구축하는 리스크 관리(risk management)이다.
넷째, 안전과 보완(safety and security)인데 주로 인적, 물적 자원의 안전성과 보안문제를 취급한다.
다섯째, 재난 발생으로 인한 대응, 복구, 계획 그리고 훈련계획을 세우는 상시운영계획(contingency plan)이다.
여섯째, 재난으로 인한 인적, 물적 자원 긴급 조치와 비즈니스 프로세스를 복구하는 대응/복구(response/recovery) 단계이다.
일곱째, 위기전달(crisis communication)로 조직 내/외부에 위기 상황을 알림으로써 적극적으로 위기상황을 대처하는 것이다.
여덟째, 평상시 상시운영계획을 수정, 보완하는 훈련(training/exercise)이다. 마지막으로 경험했던 재난 혹은 다른 위기 사례를 통하여 업무연속성 역할을 평가하고 피드백 하는 조직학습(organizational learning)이다.

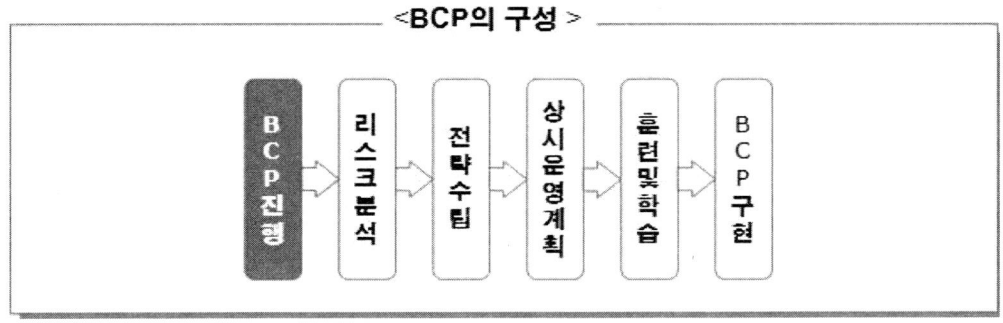

[그림1-2] 업무연속성의 구성

이와 같은 업무연속성구성 요소는 그림1-3과 같이 상시운영계획관리, 대응진행관리, 복구진행관리, 그리고 훈련학습관리를 중심으로 각각 상호 연관성을 지니고 있다.

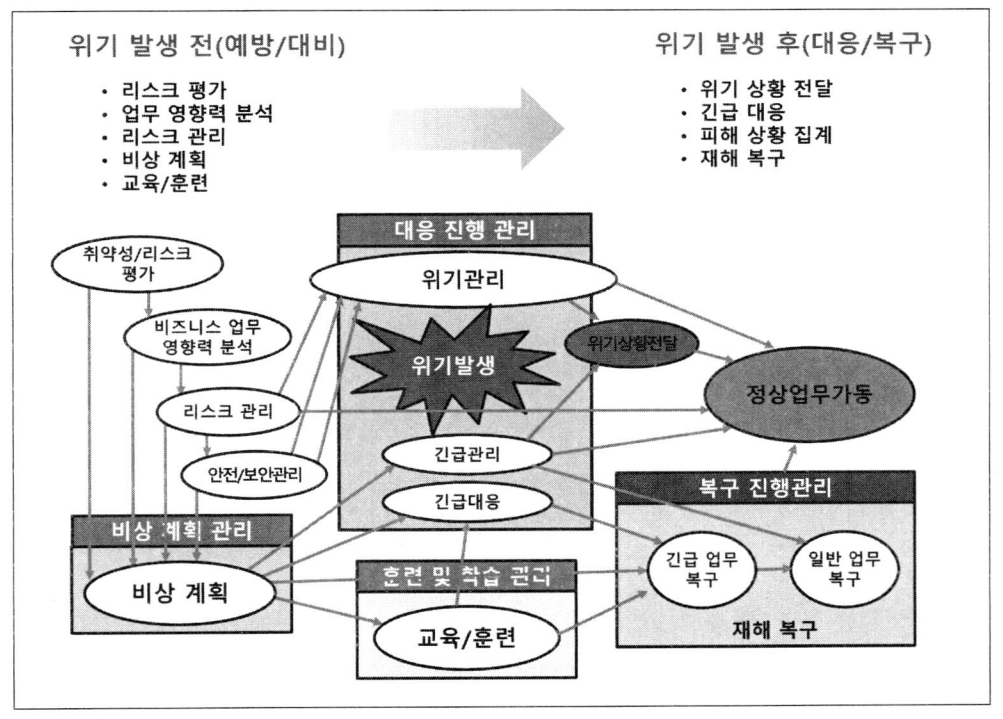

[그림 1-3] 업무연속성 구성 요소

재난을 대비할 수 있는 상시운영계획은 리스크 평가, 비즈니스 영향력 분석, 리스크 관리 그리고 안전, 보안 분석을 바탕으로 전략이 도출되어, 이를 가지고 수립되어야 한다. 그리고 긴급사태가 발생하면 수립된 계획서를 가지고 위기상황을 전달함으로써 대응과 복구가 이루어져 정상업무가 가동된다. 아울러 평상시에는 계획서를 가지고 교육과 훈련 및 모의 실전을 하여 항상 살아있는 상시운영계획서를 유지해야 한다.

이와 비슷한 맥락으로 미국 FEMA(1999)에서 미국 정부기관들을 위한 상시운영(continuity of operations ; COOP) 가이드라인을 제시하였다. COOP 계획을 수립한다는 것은 어떠한 긴급사태에서도 정부 기관의 필수적인 기능들을 계속 영속할 수 있는 능력을 보유하기 위한 노력이라는 것이라면서, 이 계획에는 다음과 같은 요소들이 포함되어야 한다는 것이다.

① 계획과 절차(plans and procedure),
② 필수적인 기능들 규명(identification of essential functions),
③ 권한 위임(delegations of authority),
④ 상속순위(orders of succession),
⑤ 교체되는 시설(alternate facilities),
⑥ 공동 이용이 가능한 통신(interoperable communications),
⑦ 중요 서류 및 데이터베이스(vital records and databases),
⑧ 테스트, 훈련 및 모의 실전(tests, training and exercises)

3. 업무연속성 범위

9가지 요소를 기본적으로 포함하는 업무연속성은 어느 조직(정부기관, 공공기관, 기업 등)이라도 적용할 수 있다.

구체적으로 그림 1-4에서 보듯이 생산/유통/서비스 분야, 행정/치안/방재/소방 분야, 건설/교통 분야, 해양/환경 분야, 의료/복지 분야, 국방 분야, 금융 분야, 정보 통신 분야에 이르기까지 어떠한 분야에도 비즈니스 업무에 위기가 존재하고 있는 한 업무연속성이 필수적이다.

궁극적으로 업무연속성을 도입한다는 것은 재난에 대한 시민들의 불안감을 덜어주고, 시민의 정신적, 경제적 피해를 최소화 할 수 있으며 더 나아가 시민 생활의 안전을 확보한다는 의미이다.

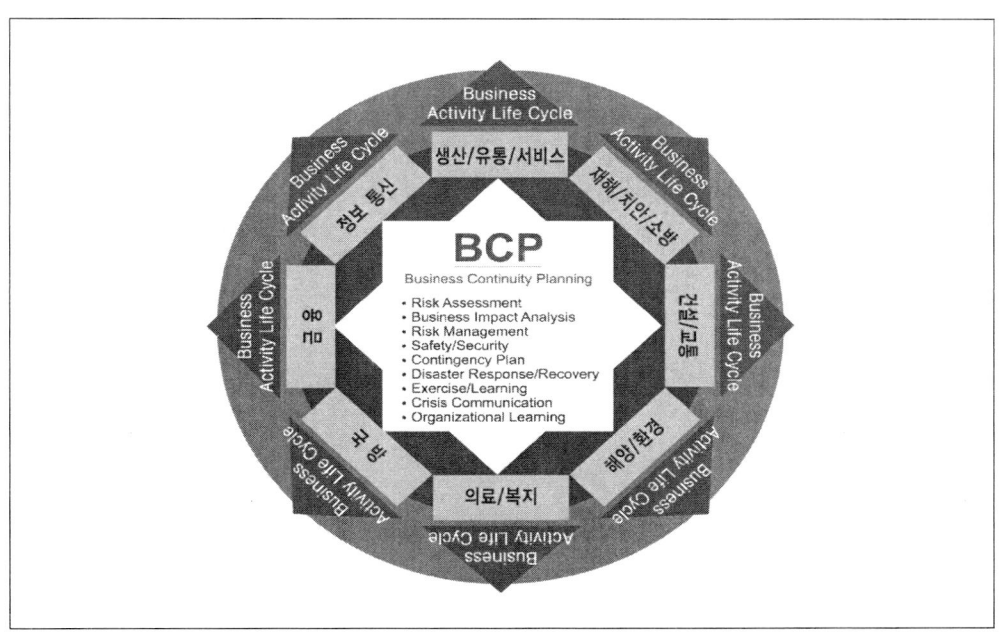

[그림 1-4] 업무연속성 적용이 필요한 분야

제 2 장 업무연속성계획

제 2 장 업무연속성계획

제 1 절 업무연속성계획

1. 업무연속성계획 이란

업무연속성(Business Continuity Planning : BCP)은 비즈니스 운영의 연속성을 하기 위한 방법론으로 자연, 인간, 기술에 관련된 각종 요인으로 인하여 발생하는 사고 또는 긴급사태로 비즈니스 운영상에 문제가 생길 경우, 적정 시간 안에 순차적으로 업무 비즈니스 사이클을 회복하기 위한 계획을 수립하는 프로세스 체계이다.

그림 2-1은 재난발생 시 예방·대비의 연속성 개념을 도입한 조직과 예방·대비의 연속성을 준비하지 않는 조직 간의 차이를 보여준다. 즉 재난 발생 시 업무연속성 계획을 준비한 조직은 사고 발생 시 그 피해를 현저히 줄일 수 있는데 업무 연속성 개념은 정량적·정성적으로 산출 할 수 있다.

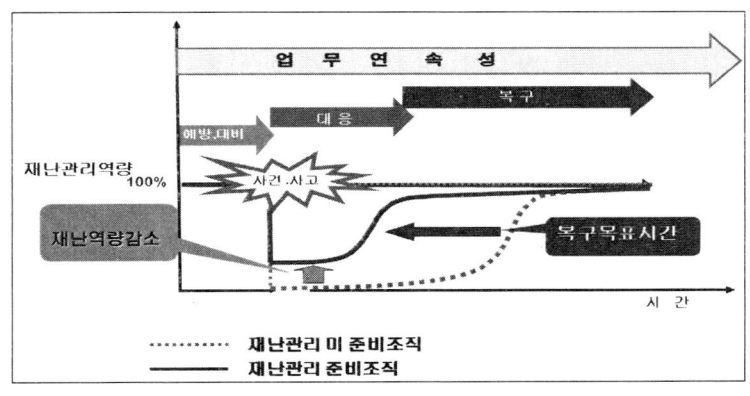

[그림 2-1] 업무연속성

2. 업무연속성계획의 정의

국제재난관리 연구소 DRII[1]에서는 업무연속성을 각종 재난 상황이나 업무 마비 상황이 발생함으로써 조직의 하나 또는 다수의 핵심기능이 마비된 경우에 그 마비로 인한 피해를 최소화하기 위하여 사전에 준비하여 수립해 둔 절차, 정책과 방안이라고 정의 한다.

ISO/TC292, IPOCM[2]에서는 사고시의 연속성 관리 및 복구 뿐 아니라 업무연속성계획이 현재 상황에 맞게 수정 보완 되도록 교육 및 훈련을 통한 전체적인 프로그램 관리도 포함하고 있다.

3. 업무연속성계획의 목적

각종 재난으로 인한 비상사태 발생 시 조직의 핵심 업무를 지속하고, 적정시간 안에 순차적으로 비즈니스 사이클을 회복하는데 있다. 이러한 목적 자체는 언제 어디서나 변함이 없다. 다만 그 구성 내용과 운영 방안은 시대와 장소 및 분야에 따라 조직의 문화와 그 업무 환경에 알맞도록 적절하게 구성돼야 한다.

---

1) DRII: Disaster Recovery Institute International 국제재난관리 연구소

2) IPOCM: Incident Preparedness and Operational Continuity Management 사고대비 및 운영연속성 관리

4. 업무연속성계획의 필요성

어떠한 국가나 조직, 기업도 자연적 인간적, 기술적 위험요인으로부터 자유로울 수 없기 때문에 위기상황에 대한 대비로 국가나 기업의 중요한 업무가 불의의 사태로 중단되었을 경우 빠른 시간 내에 업무를 재개할 수 있도록 현 상황에서의 전략과 계획을 수립하고 이행하는 총체적인 재난관리 활동계획이 필요하다. 평상시의 예방과 대비뿐 아니라 실제 재난 위기 상황이 발생 하더라도 업무연속성 계획에 따른 빠른 초기대응과 복구로 주요 핵심 업무의 연속성을 확보하여 정상화 하기 위함이다.

특히 세월호 사고와 관련하여 해당기업과 관련 당국의 경영과 운영에 많은 문제점들이 드러남에 따라 국내 많은 기업과 기관에서도 재난 발생 시 초기대응과 업무연속성계획의 점검 필요성이 대두되었다. 또한 단순 복구 뿐 아니라 13개 협업기능(Emergency Support Function : ESF)을 통해 재난 발생 시 국가의 자원과 역량을 효율적으로 활용하고 신속하게 대처함으로써 피해를 최소화하고 감소시키기 위해서도 업무연속성 계획은 필요 하다.

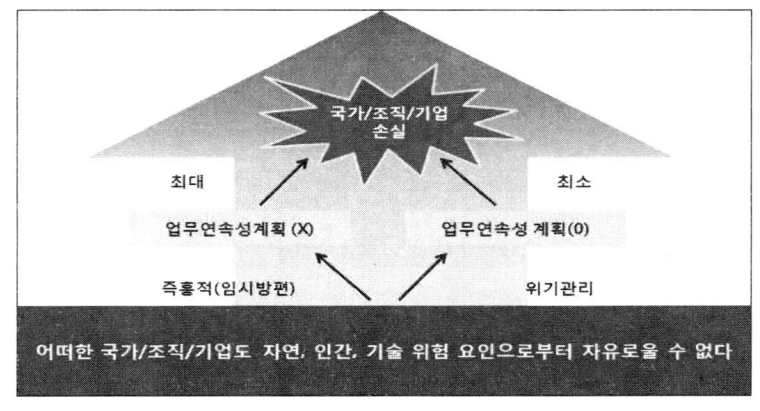

[그림 2-2] 업무연속성 필요성

참고로 재난유형별 현상을 살펴보면 다음 표1과 같다.

재난유형	현상
자연재난	기후 변화로 인한 예측 불가능한 형태의 복합재난 증가
	발생 빈도 증가 추세
	손실 규모 대형화
사회재난	재난의 대형화·도시화·산업화(초고층, 도시철도, 화학산단 등)
	복합재난증가 (자연재난+인적재난)
	재난요인 다양화 안전성 필요성 요구 증가

[표 1] 재난유형별 현상

5. 업무연속성 구성 요소

업무연속성은 위기 발생 전과 위기 발생 후로 나누어 예방·대비·대응·복구의 일련의 프로세스로써 적정 시간 안에 순차적으로 비즈니스 사이클을 회복하는 데 있다.

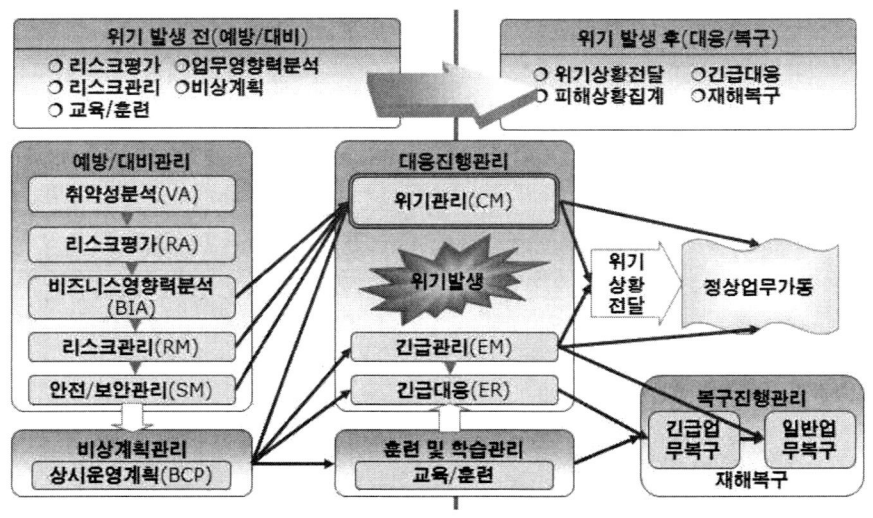

[그림 2-3] 업무연속성 구성 요소

6. 업무연속성 계획의 구축 프로세스

조직이 처해 있는 현황분석에서부터 업무연속성 계획을 수립하고 교육 및 훈련을 통해 평가, 유지관리 및 개선하는 일련의 프로세스로써, 재난관리 국제표준인 ISO/TC292에서도 그림 2-4와 같은 프로세스를 적용하고 있다.

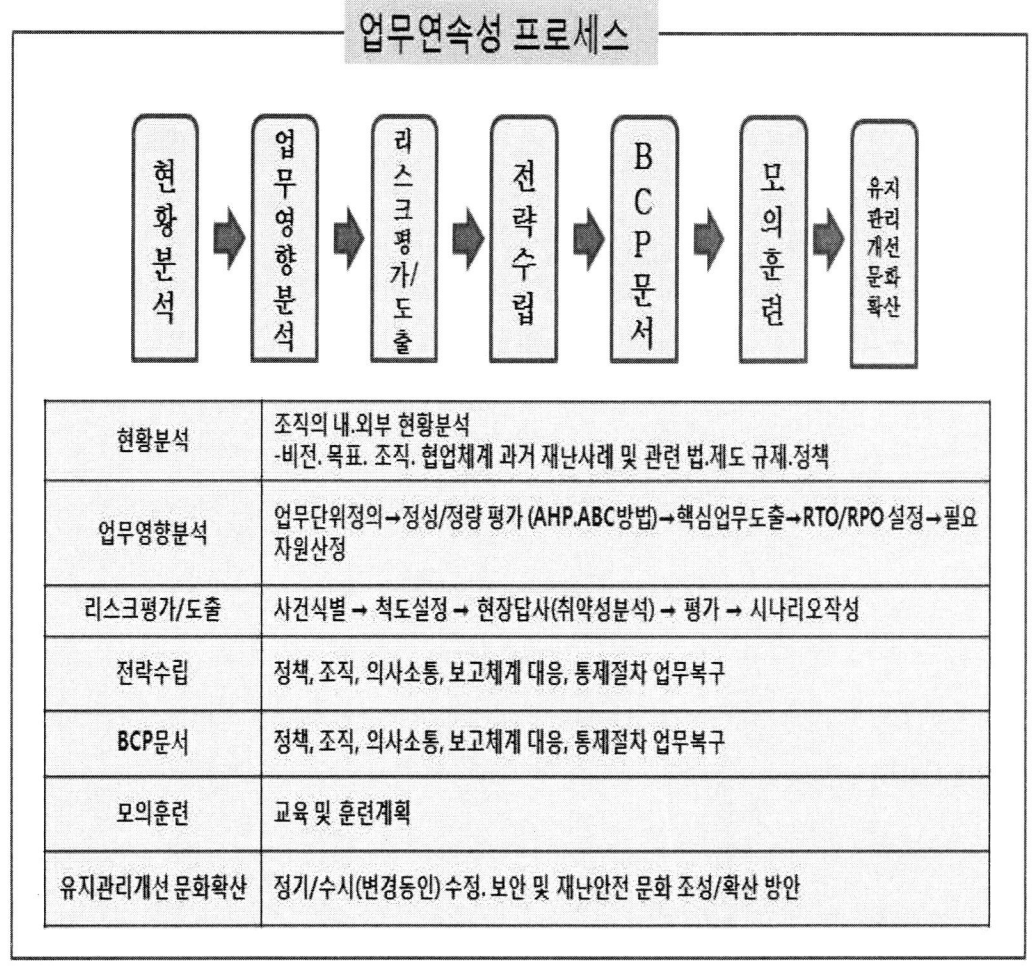

[그림 2-4] 업무연속성 프로세스

제 3 장 재난대응체계

제 3 장 재난대응체계

재난 발생 시 초동대응/긴급대응은 시간적 제한 요소를 갖는다. 대응의 목표는 초동대응에서 인명구조 활동을 위주로 시작되며 시간 정의를 우리는 골든타임(Golden Time)이라고 하며 대응의 골든 타임은 경계와 심각 단계 사이에서 형성되는데 미국의 선진 재난대응체계 및 한국의 재난대응체계를 살펴본다.

제 1 절 미국의 재난 대응 체계

1. 미국의 재난관리 표준체제(ANSI/NFPA1600)

NFPA 1600은 "재난관리체제/응급관리체제와 사업연속성확보체제의 표준"이며 공공부문과 민간부문을 포함한 모든 단체의 산업표준이다. 만일 재난관리계획이나 응급 관리 계획을 수립하거나 사업연속성확보계획을 수립하기를 바란다면 NFPA 1600에 대하여 자세히 이해 할 필요가 있다.

2. NFPA 1600 수립 배경

NFPA 1600 "재난관리체제/응급관리체제와 사업연속성확보체제의 표준"은 재난복구 등 재난관리와 사업연속성에 관계된 포괄적인 체제를 위하여 가장 기본적인 범주에 대한 서술을 제공하고자 설계되어 있다. 명확한 기준과 일반적인 의무사항으로 구성된 NFPA 1600은 재난관리 체제에 중요한 영향을 끼치게 될 것이다. 이 내용은 재난관리와 연속성확보 계획을 수립하는 사람들에게 표준과 그 중요성에 대해 말해주는 것이다.

미국화재보호협회 혹은 미국소방협회(NFPA)는 세계적인 비영리 규격과 표준기관이다. NFPA는 전 세계 6만 명의 구성원으로 이루어진 진정한 세계적인 기구이다. 이 구성원들 중에 25% 미만의 사람들이 소방관계 업무에 종사하고 있다. 구성원의 대다수는 폭넓은 분야에서 근무하는 민간부문과 공공부문의 대표자들이다.

NFPA 표준들은 미국 국가표준연구소에 의해서 승인된 표준개발절차를 준수하며 개발되고 있다. NFPA는 건축, 생명 안전, 전기 표준을 주와 지방의 입법담당자들에 의하여 체계적으로 표준을 개발한다. NFPA의 임무는 삶의 질과 관련된 화재와 다른 위험들의 합의된 규격과 표준들, 연구, 교육과 훈련에 기초한 합리적이고 과학적인 근거를 제시하거나 옹호함으로써 세계적인 과제를 해결하는데 있다.

NFPA 1600은 공공 부문과 민간 부문 양쪽 모두에서 종사하는 재난관리사와 사업연속성확보계획을 수립하는 전문가들에게 탁월한 기준으로 활용되고 있다. 표준은 아래와 같은 목적을 정의하고 위험과 취약점을 구체화하며 계획수립 안내 지침을 제공한다.
- 물리적 핵심기반시설의 안정적인 복원
- 인력의 건강과 안전 보호
- 위기 전달체계의 업무 절차
- 단기의 복구와 장기간 계속되어야 하는 운영 연속성확보 양쪽 모두를 위한 관리 구조

여기서 포괄적인 재난/응급관리(Comprehensive Disaster/Emergency Management(CDM, CEM))는 NFPA 1600에 제시한 모든 다양한 활동들을 뜻하는 포괄적인 단어로 사용된다.

재난관리 프로그램을 예방·대비·대응·복구·연속성의 4단계로 구분하여 각 단계별 필요사항 및 행동 방침에 대해 간결하고 명료하게 기술한다.

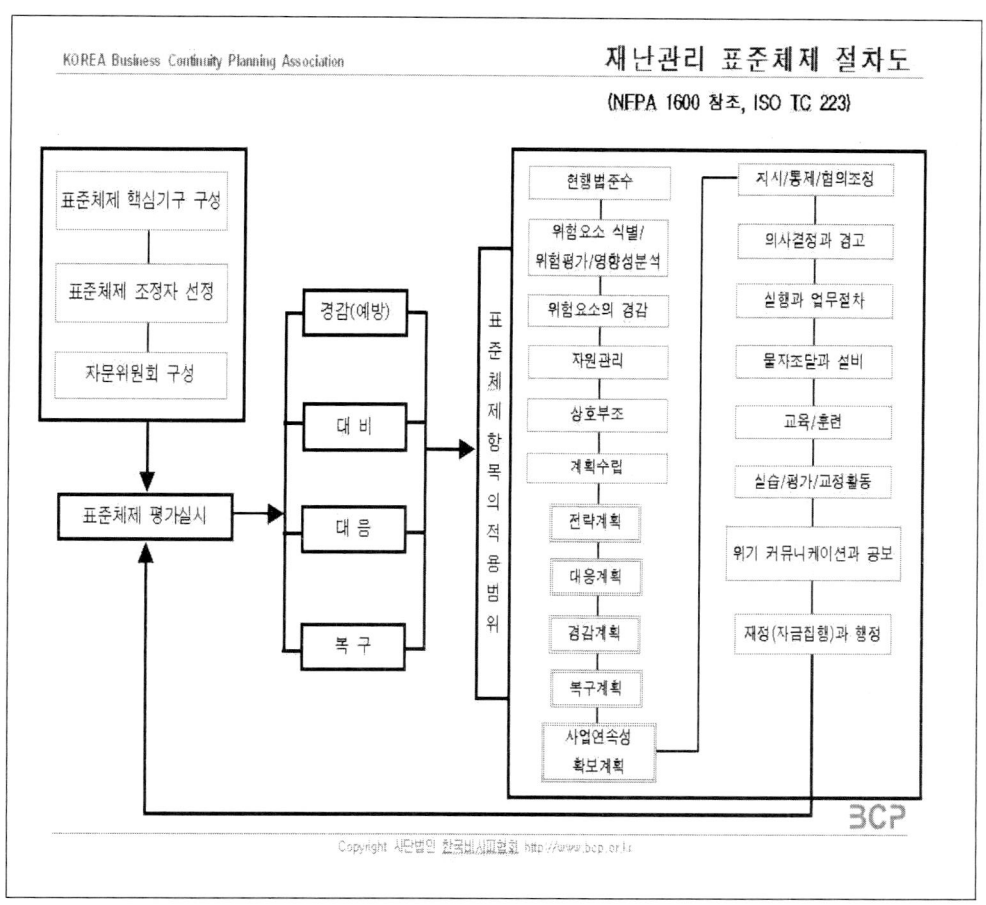

[그림 3-1] 재난관리 표준체제 절차도

3. 미국의 국가사고 관리체계 (NIMS)

1) 미국 사고관리체계 NIMS

미국 국가사고관리체계(National Incident Management System : NIMS)는 재난의 모든 단계에서 이루어져야 할 포괄적, 국가적, 체계적 접근방식으로 현장 대응을 위한 표준화된 운영 절차(통신, 자원관리, 조직, 지휘관리 등)로 미국 전역에 적용되는 체계적인 재난사고대응과 수습을 위한 관리 및 운영을 목적으로 만들어진 국가의 사고관리체계다.

국가안보를 위협하는 테러를 포함한 자연재난, 인적재난 등 모든 사고에 대해 원인, 크기, 복잡성 등에 무관하게 연방-주정부-지방정부-민간분야, 비정부조직 등이 대비, 대응, 복구를 효율적으로 협업하도록 표준화된 체계로 운영되고 있다.

미국의 재난대응체계의 중심에는 연방재난관리청(Federal Emergency Management Agency : FEMA)가 위치 해 있다. FEMA는 1979년에 창설된 것으로 재난과 관련된 많은 책임기관들을 대통령 직할기관으로 통합하고 각종 인위적 재난 및 자연재해에 대응하기 위한 것이다.

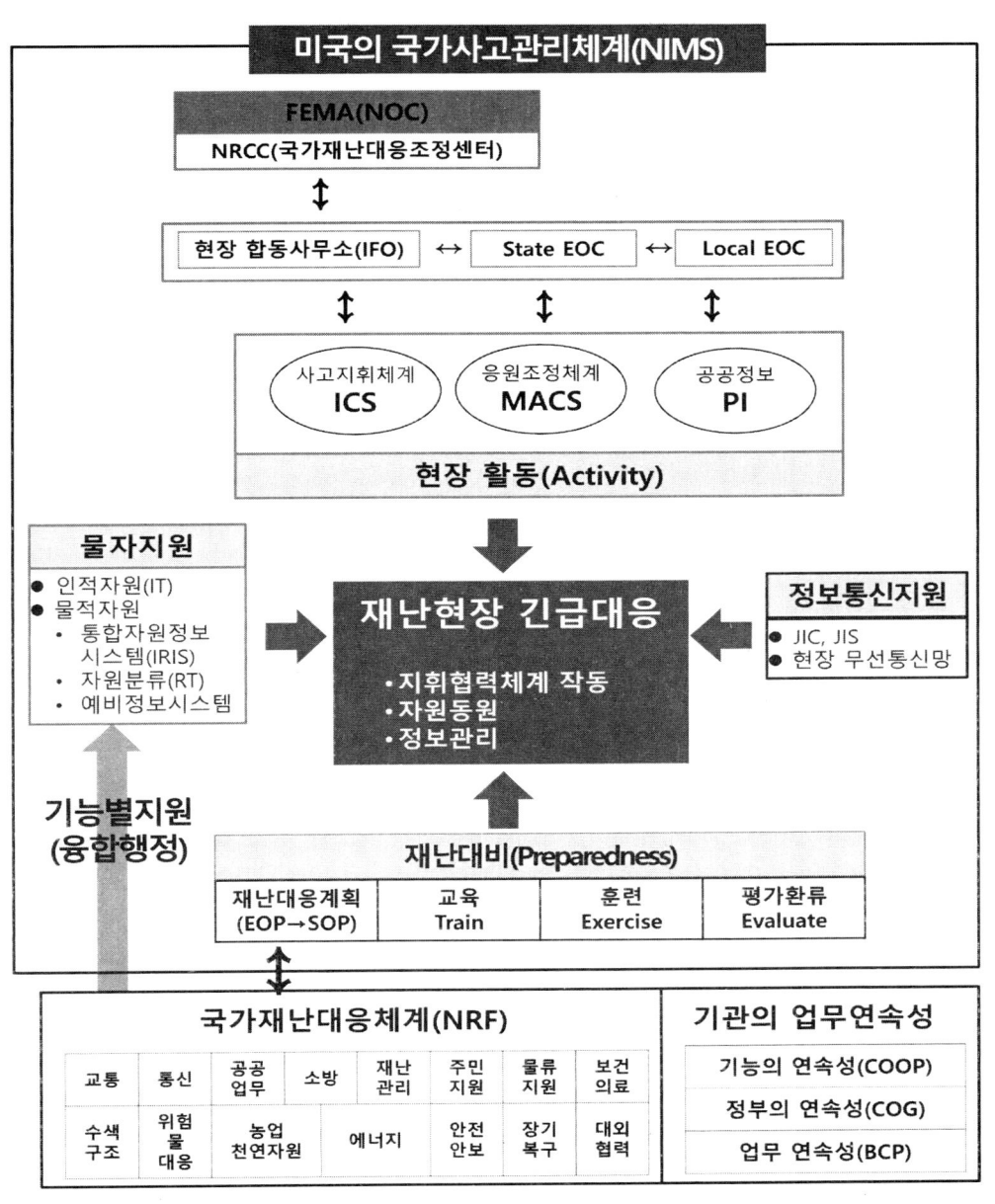

[그림 3-2] 미국의 국가사고관리체계

4. 미국 COOP 대응 프로세스

미국 FEMA(1999)에서 미국 정부기관들을 위한 상시운영(Continuity Of Operations : COOP) 가이드라인을 제시하였다. COOP 계획을 한다는 것은 어떠한 긴급사태에서도 정부 기관의 필수적인 기능들을 계속 영속 할 수 있는 능력을 보유하기 위한 노력으로 계획에는 다음과 같은 요소들이 포함되어야 한다는 것이다.

5. COOP 계획의 요소들

(1) 계획과 절차(plans and procedure)
(2) 필수적인 기능들 규명(identification of essential functions)
(3) 권한 위임(delegations of authority)
(4) 상속순위(orders of succession)
(5) 교체되는 시설(alternate facilities)
(6) 공동 이용이 가능한 통신(interoperable communications)
(7) 중요 서류 및 데이터베이스(vital records and databases)
(8) 테스트, 훈련 및 모의 실전 (tests, training and exercises)

제 2 절 미국의 재난 현장 지휘 체계

1. 미국 재난대비체계

미국의 재난관리조직은 크게 연방정부의 조직과 지방정부의 조직으로 양분되고 각자의 역할과 임무가 명확히 구분되어 있다. 2001년 9월 11일에 발생한 동시다발 테러사건 이후, FEMA는 2002년 국토안전보장법(Home Security Act of 2002 : HSA)의 제정을 거쳐, 2003년 1월 국토안보부(Department of Homeland Security : DHS)로 통합하고 DHS는 테러나 재해대책과 관련된 연방정부의 8개 부처 22개 기관의 기능 및 조직을 통합시켰다.

1) 미국 국가 재난대응체계

미국은 국가재난대응체계(National Response Framework : NRF)를 재난관리 기본 프레임워크로 활용하고 있다.

NRF는 국가차원에서 국가재난을 효과적으로 대응하기 위해서 정부 조직, 비정부 조직, 개별 민간 부분과의 협력을 위한 역할과 책임을 할당하고 인명 구조, 자원 및 환경 보호, 기본적인 인간의 필요 충족을 위한 즉각적인 활동으로 미리 계획된 긴급대응 계획을 수행하고 단기적인 복구를 지원하는 활동 등을 기술하고 있다.

2) 미국 국가재난대응프레임워크와 국가사고관리체계 간 비교

미국 국가사고관리체계와 국가재난대응프레임워크 간 비교는 다음과 같다.

분류	국가사고관리체계 (NIMS)	국가재난대응프레임워크 (NRF)
개요	현장중심의 표준화된 지휘명령체계의 지침 제시	국가 차원의 주요임무와 역할에 대한 유연하고 적응력 있는 대응
특징	표준화(Standardization) 현장지휘체계 확장의 유연성(Flexible)	확장·축소성(Scalable) 유연성(Flexible) 적용성(Adaptable) 강조
구성 요소	대비, 통신과 정보관리, 자원관리, 명령과 관리 (ICS, MCS, PI), 지속관리와 유지	역할과 책임, 핵심역량, 조직 및 통합, 운영계획, 자원
운영 핵심	ICS (현장대응 및 조직구성)	ESF #1~15 (기능중심형 지원)

[표 2] 국가 국가사고관리체계와 재난대응프레임워크 간 비교

2. 미국의 재난현장지휘 체계

1) ICS 개요

미국은 1970년대 서부지방에 빈발한 대형 산불에 대응하기 위하여 재난현장지휘체계(Incident Command System : ICS) 모델을 개발하였다.

ICS를 개발하는 데 있어서 가장 중요한 목적은 참가하는 단체 간의 통합지휘체계였다. 즉, 통합지휘체계를 세워서 각각의 기관 간에 좀 더 가까운 관계를 마련하고 동시에 주도권 쟁탈전이나 월권행위를 방지하고자 하는데 가장 큰 목적이 있었다.

재난현장지휘체계는 생명과 자산, 환경을 보호하는 등 재난을 안정화하려는 공통목적으로 함께 작업하는 기관들의 노력을 지휘·통제·조정하는 시스템이다.

2) ICS의 조직 및 특징

ICS의 조직은 정보, 안전, 연락 담당의 참모 조직과 운영부, 계획부, 지원부 그리고 재정/행정부로 되어 있다. 재난상황과 여건에 따라 각 직책 즉, 현장지휘관, 국장, 과장, 소대장, 팀장 등은 탄력적으로 확장 및 축소할 수 있다. 가장 기본적이면서도 ICS의 근본이 되는 원칙은 각 직책의 최고 책임자의 부재 시에는 차 선임자가 자동적으로 책임자가 되는 것이다.

ICS는 현장 대응기관들의 인력과 장비를 공통용어, 절차 및 조직구조를 사용하는 공공 지휘조직에 통합하여 사고의 성격, 규모 및 복잡성 등에 구애받지 않고 공공 목표를 이루기 위해 현장 대응을 체계적으로 지휘, 통제할 수 있도록 설계된 현장 중심의 표준화된 비상시적 지휘체계로 명령과 관리는 표준화된 사고관리구조에 따라 효과적으로 사고를 관리하도록 설계되어 있으며, 사고관리체계, 응원조정체계, 공공정보로 구분된다.

3) 지휘 및 관리체계

(1) ICS : 현장지휘체계

현장지휘체계 운영 특성, 상호관리 구성요소, 사고관리의 구조, 사고의 수명주기에 전반적으로 관여되어 있는 사고 대응 조직들을 정의함.

(2) MACS : 다수기관 조정체계

다수기관 조정통제체계는 하나의 사고에서 사용되는 모든 지원과 조정 구조를 함께 묶음. MACS의 주요 기능은 사고 관리 정책과 우선권을 지원하고 조정하는 데 있음.

(3) PIS : 공보체계

PIS는 재난 상황 동안 대중에게 시기 적절한 커뮤니케이션과 정확한 정보를 제공하는 절차와 과정을 포함 함. 각급 정부는 재난 기간 동안, 자원봉사단체 및 개인기업과 더불어 공적인 정보를 수집·검증·조정·전파하는 능력을 가져야 함.

4) 명령과 관리

명령과 관리요소는 유연하고 표준화된 사고관리구조에 따라 효과적으로 사고를 관리하도록 설계 되어 있다.

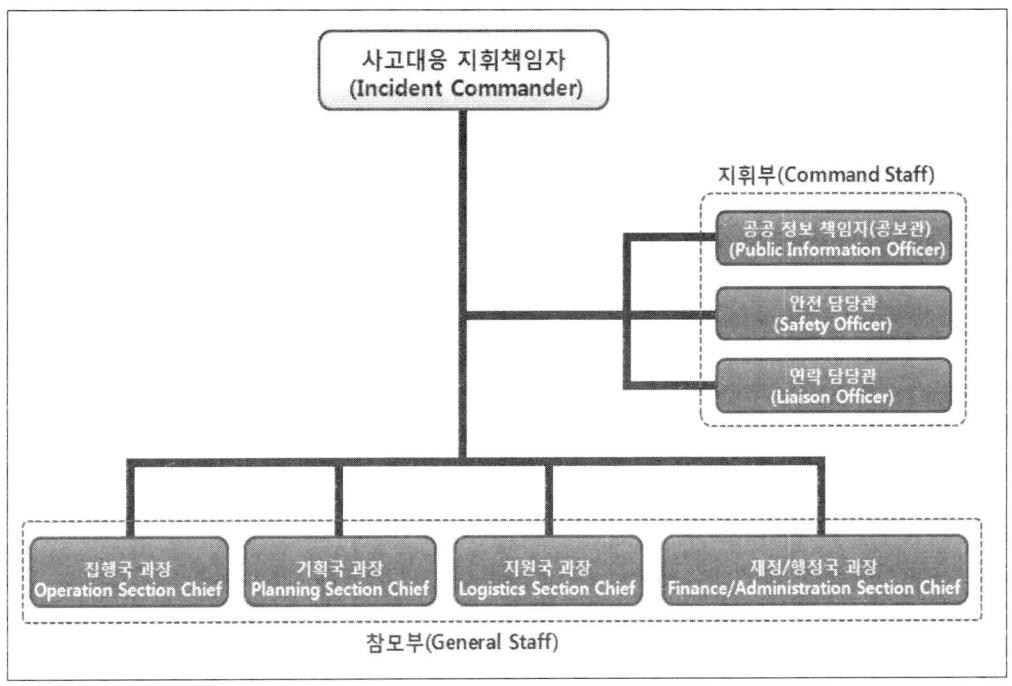

[그림 3-3] NIMS 지휘명령체계

제 3 절 한국의 재난관리 표준

KS A ISO 22301:2012

사회안전 - 비즈니스연속성 관리시스템- 요구사항

Societal security - Business Continuity Management Systems -Requirements

이 표준은 효과적인 비즈니스/업무연속성 관리시스템(Business Continuity Management System : BCMS)을 수립하고 운영하는 요구사항을 규정한다.

비즈니스연속성 관리시스템은 다음에 대한 중요성을 강조한다.

- 비즈니스연속성 관리 정책 및 목표 수립에 대한 조직의 니즈(needs) 및 필요성의 이해
- 조직이 중단적(disruptive) 사고를 관리할 수 있는 전반적인 능력을 관리하는데 필요한 통제 및 수단의 실행 및 운영
- BCMS의 성과 및 효과성에 대한 모니터링 및 검토
- 목표 측정을 기초로 한 지속적 개선

다른 관리시스템과 마찬가지로 BCMS는 다음과 같은 핵심요소로 구성된다.

a) 정책
b) 규정된 책임을 가진 사람
c) 다음과 관련된 관리 프로세스
   1) 정책
   2) 기획수립
   3) 실행 및 운영
   4) 성과 평가
   5) 경영자 검토
   6) 개선
d) 심사 가능한 증거가 제공되는 문서화
e) 조직과 관련된 모든 비즈니스 연속성 관리 프로세스

비즈니스연속성은 훨씬 더 복원력이 있는 사회에 공헌한다. 보다 넓은 커뮤니티 및 조직에 대한 조직 환경의 영향, 이로 인한 다른 조직들이 복구 프로세스에 참여할 필요가 있을 수 있다.

1. PDCA 모델

이 표준은 조직의 BCMS의 효과성에 대한 기획, 수립, 실행, 운영, 모니터링, 검토, 유지관리 및 지속적 개선에 PDCA(Plan-Do-Check-Act) 모델을 적용한다.

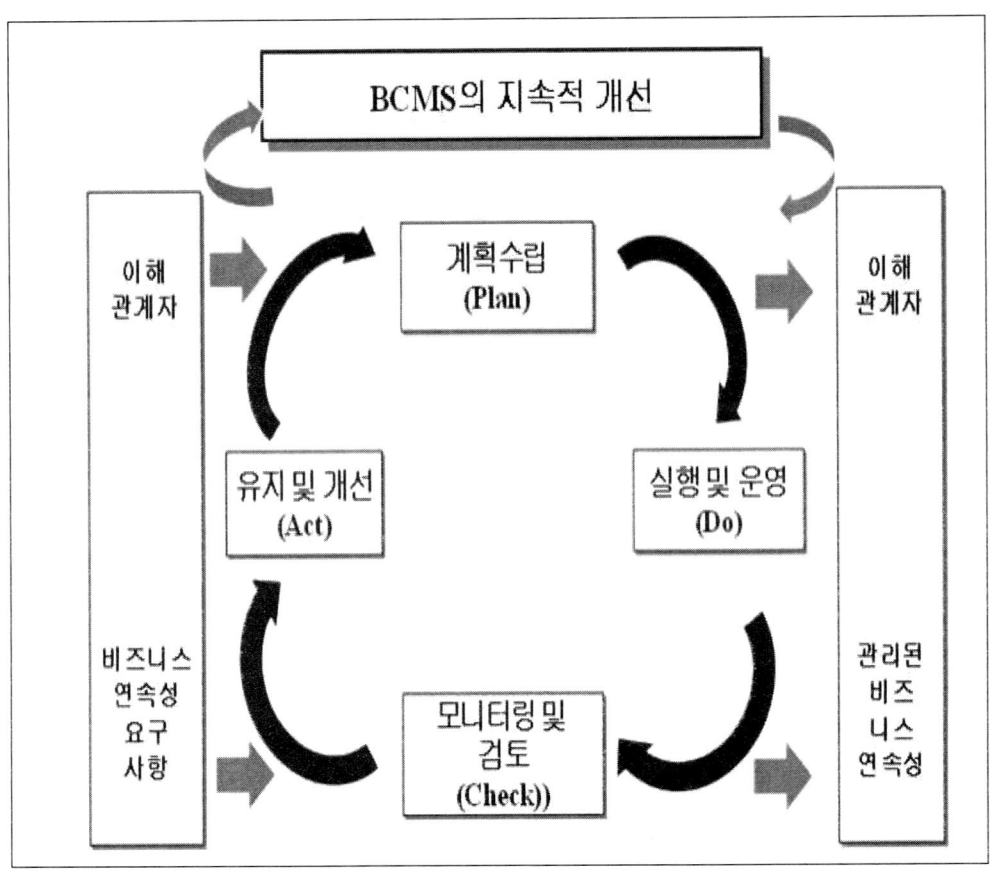

[그림 3-4] BCMS 프로세스에 적용된 PDCA 모델

Plan (계획수립)	조직의 전반적인 정책 및 목표와 정렬성을 갖는 결과를 산출하기 위한 비즈니스연속성의 개선과 관련한 비즈니스연속성 정책, 목표, 세부목표, 통제, 프로세스 및 절차를 수립한다.	4. 조직의 상황 5. 리더십 6. 기획 7. 지원 ▶정책/목표, 절차
Do (실행 및 운영)	비즈니스연속성 정책, 통제, 프로세스 및 절차를 실행 및 운영한다.	8. 운영 - BIA,RA,BCP, BCMS,훈련
Check (모니터링 및 검토)	비즈니스연속성 정책 및 목표에 대한 성과를 모니터링 및 검토하고, 검토결과를 경영자에게 보고하고, 그리고 시정 및 개선에 대한 결정 및 권한을 부여한다.	9. 성과평가 -M,M,A,E -내부심사 -경영자검토
Act (유지 및 개선)	경영자 검토결과, BCMS 적용범위 및 비즈니스연속성 정책 및 목표의 재평가에 근거하여 시정조치를 통한 BCMS를 유지 및 개선한다.	10. 개선 - 시정조치 - 지속적 개선

[그림 3-5] PDCA 모델

이 표준은 ISO 9001(품질경영시스템), ISO 14001(환경경영시스템), ISO/IEC 27001(정보보안경영시스템), ISO/IEC 20000-1(정보기술-서비스 경영) 및 ISO 28000(공급사슬에 대한 보안경영시스템 규칙)과 같은 다른 경영시스템 표준과 어느 정도 부합성을 갖도록 함으로써, 연관성 있는 경영시스템과 일관성 있고 통합된 실행 및 운영을 지원한다.

그림 3-4는 BCMS가 어떻게 이해관계자 및 연속성 관리 요구사항을 투입요소로 받아들이는 지와 필요한 활동과 프로세스를 통해 그러한 요구사항과 부합하는 연속성 결과물(즉, 관리된 비즈니스연속성)을 생성하는지를 보여주고 있다.

제 4 절 국내 표준의 지휘통제 개념

1. KS A ISO 22320:2014 사회안전-긴급사태관리 지휘통제 요구사항

1) 제정 배경

KS A ISO 22320은 "효과적인 사고대응을 위한 최소한의 요구사항"을 규정하며 사고 대응 조직의 내부에서 지휘통제, 운영정보, 조정 및 협력을 위한 기본사항을 제공하며 지휘통제 조직구조 및 절차, 의사결정 지원, 추적가능성, 정보관리와 상호 운영을 포함한다. 또한 조직 내·외부적으로 다른 참여 조직들과의 조정 및 협력뿐 아니라 지휘통제 프로세스를 지원하고 다른 조직들 간의 조정 및 협력을 위한 요구사항을 규정한다.

이 표준은 국제적, 국가적, 지역적 또는 지방 차원에서 사고에 대한 대비 또는 대응에 참여하는 어느 조직(민간·공공·정부 또는 비영리)에라도 적용 가능하며 다음의 분야와 관련된 조직들을 포함한다.

2) 적용범위

a) 사고 예방과 회복력 대비에 대한 책임 및 참여
b) 사고 대응에 대한 지침과 관리 제공
c) 지휘통제를 위한 규정과 계획 개발
d) 사고 대응을 위하여 다수 기관/조직의 조정 및 협력 개발
e) 사고 대응을 위한 정보 및 커뮤니케이션 체계 개발
f) 사고 대응, 정보와 통신 및 데이터 상호 운용성 모델 분야 연구
g) 사고 대응에서 인적요소(human factor)분야 연구
h) 공공과의 커뮤니케이션 및 상호작용에 대한 책임

3) 용어의 정의

KS A ISO 22320:2014	내용
지휘통제 (Command and control)	목표 지향적 의사 결정, 상황 평가, 계획, 결정 집행, 그리고 이와 같은 집행이 사고에 미치는 영향의 통제
협력 (Cooperation)	협약에 입각해서 공통의 이해와 가치를 위하여 함께 일하고 행동하는 프로세스 주) 조직들은 그들의 자원을 가지고 사고대응에 기여하기 위하여 계약 또는 기타 타협을 통해 합의하지만 그들의 내부 계층 체계에 관해서는 독립성을 유지한다. 협약에 입각해서 공통의 이해와 가치를 위하여 함께 일하고 행동하는 프로세스 주) 조직들은 그들의 자원을 가지고 사고대응에 기여하기 위하여 계약 또는 기타 타협을 통해 합의하지만 내부 계층 체계에 관해서는 독립성을 유지한다.
조정 (Coordination)	공동의 목적 달성을 위하여 각종 조직(공공 또는 민간) 또는 동일 조직의 각 부서가 공동 작업 또는 조치를 실시하는 방식 주1) 조정은 사고대응의 목적이 동일한 경우 시너지 효과를 창출하고 각자의 사고대응 활동에 관한 투명한 정보공유로 활동을 조정하기 위하여 (공공 또는 민간조직과 정부 등) 관계 당사자들의 개별적 대응활동을 통합한다. 주2) 모든 조직은 공동의 사고대응 목적에 합의하고 본 합의 도출 의사결정과정에 의한 전략이행을 수용하는 프로세스에 참여한다.

[표 3] 용어의 정의

4) 지휘통제 프로세스

조직은 실행되는 지휘통제 프로세스를 수립하고 다음 활동을 포함하여야 한다.

- 관찰
- 정보수집, 처리 및 공유
- 예측을 포함하여 상황 평가
- 기획
- 의사결정과 취해진 결정사항에 대한 의사소통
- 결정사항의 이행
- 피드백 사항 수집 및 통제조치

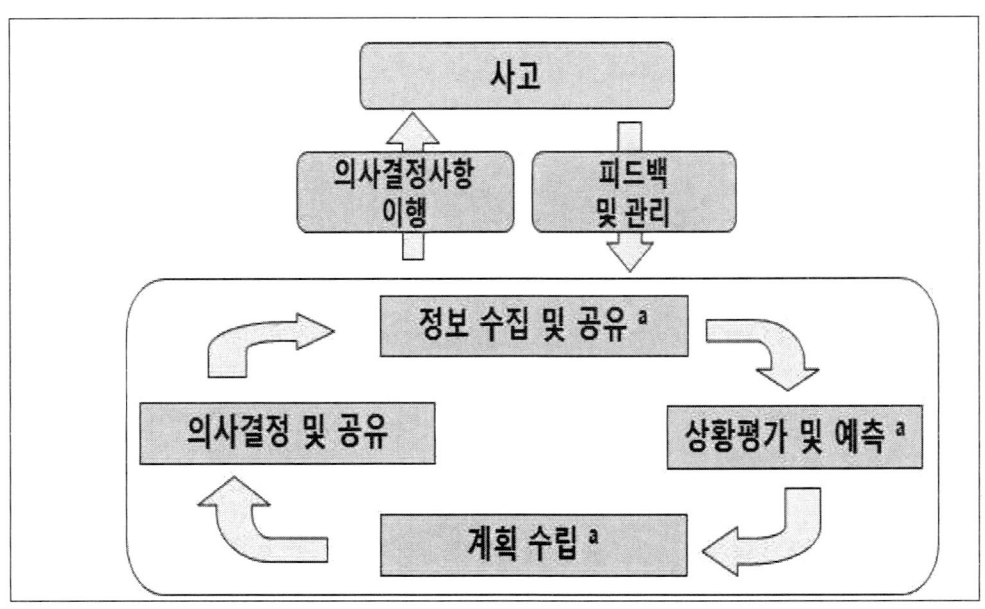

a 조직 외부의 공동 참여자들(parthers)과의 조정에 대하여 한정적인 필요성을 가진 경우

[그림 3-7] 지휘통제 프로세스

2. KS A ISO/PAS 22399:2008 사회안전(Societal Security) IPOCM, 사고대비 및 운영연속성관리 가이드라인

1) 제정 배경

사고대비 및 운영연속성 관리(Incident Preparedness & Operation Continuity Management : IPOCM)는 공조직 또는 사조직이 의도적·비의도적 또는 자연적인 원인으로 발생하는 사고, 중단, 비상, 위기, 재난에 대비하기 위해 필요한 요소와 절차를 고려할 수 있도록 하고, 사고를 적절히 처리하고 조직의 지속된 생존력을 확보하기 위해 필요한 조치를 취할 수 있게 하기 위함이다.

또한 가이드라인은 조직이 공인된 방법으로 지속적인 IPOCM 능력을 평가 할 수 있다. 이 가이드라인은 다양한 지리적, 문화적, 경제적, 국가적, 정치적, 사회적 조건에 대한 고려가 가능하며 모든 형태와 다양한 규모의 조직에 적용 가능한 일반적인 프레임워크를 제공한다.

2) 사고대비 및 운영연속성 관리 개념도

IPOCM은 조직을 위협하는 잠재적 영향을 확인하고 그 영향을 최소화하기 위한 프레임워크를 제공하는 전반적인 관리 프로세스이다.

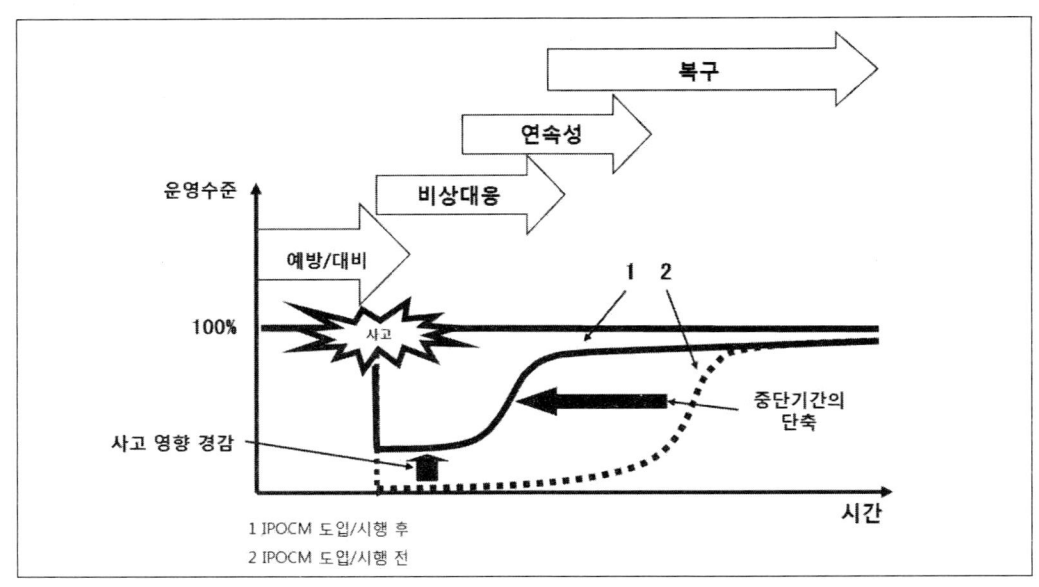

[그림 3-8] 사고대비 및 운영연속성 관리 개념도

3) 기능연속성 COOP(Continuity Of Operation Plan) 정의

(1) 기능연속성계획 개념

비상사태나 재난으로 인한 공공기능의 운영이 중단되었을 때 국가의 핵심적인 기능을 보호, 유지하고 연속 할 수 있는 계획으로 재난 및 안전관리기본법 제25조의 2(재난관리책임기관의 장의 재난예방조치 등) ⑤재난관리책임기관의 장은 재난상황에서 해당 기관의 핵심기능을 유지하는데 필요한 계획(이하 "기능연속성계획" 이라 한다)을 수립·시행하여야 한다 라고 의무화 되어 있다.

(2) 미국 COOP 제도

기능연속성 제도란 공공기관이 직면 할 수 있는 광범위한 위기상황 하에서 기관의 핵심기능을 지속 할 수 있도록 연속성을 확보하기 위한 기능연속성 계획을 수립하고 운영하는 일련의 체계로 기능연속성 제도의 목적은 광범위한 위기상황에 대한 공공기관의 핵심 업무에 대한 연속성을 확보하는 것이다. 기능연속성 구조는 크게 기능연속성 계획, 기능연속성 프로그램 관리, 기능연속성 운영으로 구성된다.

4) 국내적용 모델

비상 상황이 발생하여 기관이 정상적인 운영을 지속하지 못할 경우, 기능연속성 계획에 맞춰 실제로 기관의 핵심기능을 유지하기 위한 핵심 업무가 무엇이고, 어느 수준까지 지속할 것인지 범위를 결정하여야 한다. 실제 비상 상황 발생 이후에 기능연속성 계획이 성공적으로 운영되기 위해서는 기능연속성은 예방단계부터 복구단계까지 지속적으로 확보되어야 한다.

COOP 개념의 기능연속성 확보를 위한 사고대응프로세스는 그림 3-9와 같다.

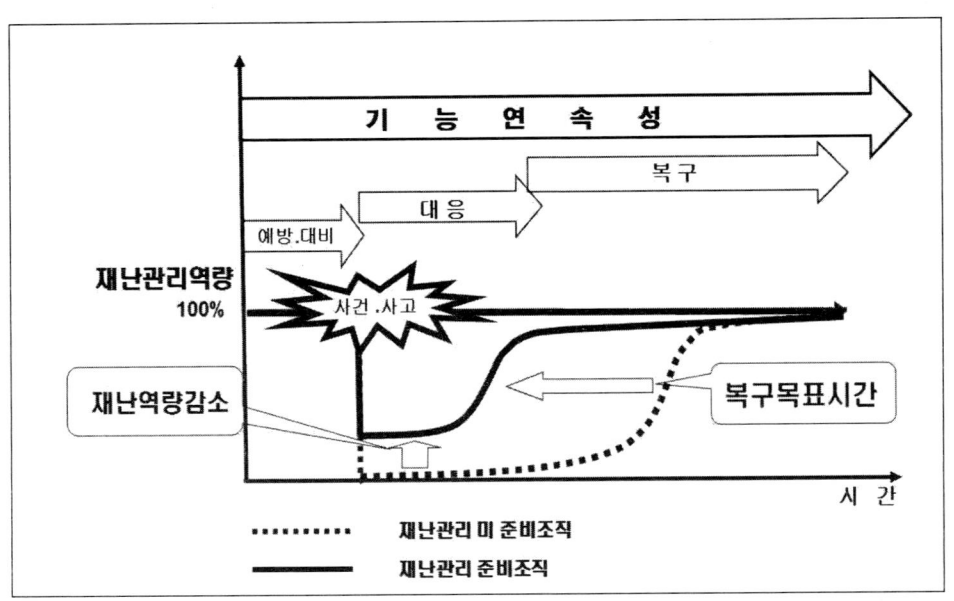

[그림 3-9] 사고대응 프로세스

제 5 절 우리나라 재난 대응 체계

1. 재난관리 5단계

재난관리란 국민의 생명, 신체 및 재산을 각종 재난으로부터 예방하고 보호하기 위한 일련의 활동으로 예방·대비·대응·복구 4단계를 말한다. 예방·대비·대응·복구의 각 단계의 활동은 다음 단계에 영향을 미치는 상호순환적인 성격을 띠고 있으며 각 단계의 활동 내용 및 결과에 다음 단계에 영향을 준다. 효율적인 재난관리를 위해서는 예방·대비·대응·복구·연속성 관리 5단계로 이루어져야 한다.

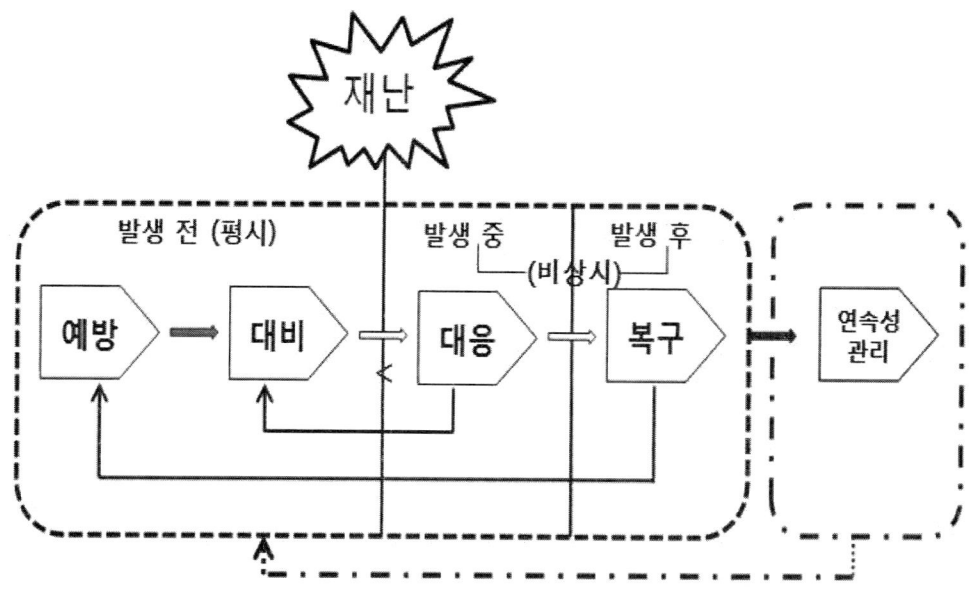

[그림 3-10] 재난관리 5단계

연속성 관리 (Business Continuity Management)	기능적 측면의 COOP(Continuity of Operation) 내용을 포함하며 상시/비상시 관리체계를 뜻함

[표 4] 연속성 관리

국내 법률상의 재난의 정의를 살펴보면 중앙사고수습본부의 기능을 하는 부처 소관 법령이 약 120개 정도로 산재되어 있으나 「재난 및 안전관리 기본법」의 취지에 맞게 개정·보완되고 있다.

재난의 유형은 크게 자연재난, 사회재난, 해외재난으로 분류한다. 특수재난의 경우 복합재난의 양태를 가지고 있어 지정학적 위험성을 평가하여 피해가 가중 될 수 있는 분야의 재난으로 향후 법 제정이 검토되어야 한다.

2. 대응의 목적

재난발생시 초동대응/긴급대응은 시간적 제한 요소를 갖는다. 대응의 목표는 초동대응에서 인명구조 활동을 위주로 시작되며 단위 시간정의를 골든타임(Golden Time)이라고 한다. 대응의 골든타임은 인명사고 발생 시점인 경계와 심각단계 사이에서 형성되고 인명구조는 육상(소방) 30분, 해양(해경) 1시간 이내 활동을 하며 이때에 협력기능 Emergency Support Function(ESF) 13개 조직으로 구성된다.

3. 국가재난관리체계와 국가위기관리체계

재난 발생 시 대응은 재난관리체계 예방·대비·대응·복구와 대응단계에서 위기관리 체계 관심·주의·경계·심각 단계가 수직과 수평으로 동시 다발적으로 이루어져야 재난관리의 효율적 대응이 될 수 있다.

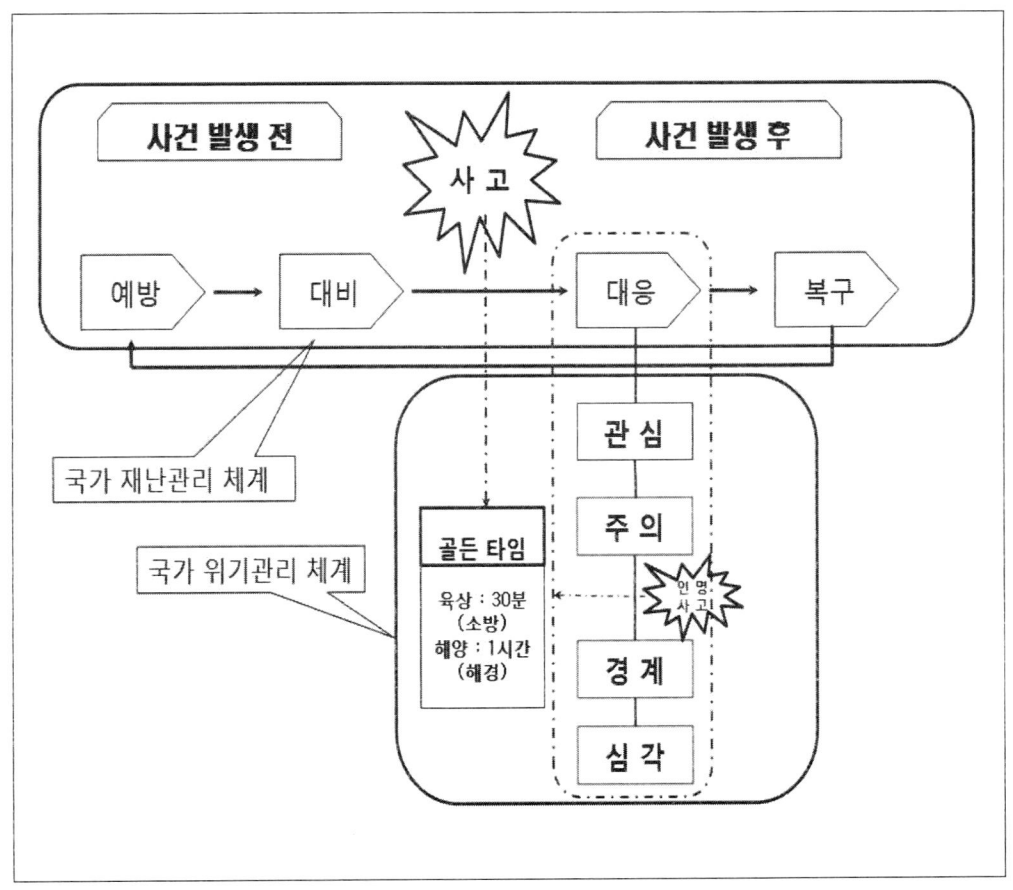

[그림 3-11] 국가재난관리체계와 국가위기관리체계

4. 사회재난관리 모델

사회재난은 재난이 가지고 있는 본질적인 특성으로서의 복잡성과 재난 발생 후에 관련된 대응기관들 간의 관계에서 야기되는 복잡성으로 나눌 수 있다. 재난의 본질적 특성인 복잡성은 재난을 나타내는 요소가 정도, 규모, 시기, 관계 등이며 매우 복잡하게 연결되어있어 재난 대응기관 간의 관계로 인한 복잡성은 재난이 발생한 이후 관련 기관들이 대응하는 과정에서 복잡한 관계가 형성되어 진다. 또한 예방활동 보다 대응 및 복구활동에서 복수의 기관이 참여하게 되기 때문에 그에 따라 관련 기관들 간의 권한 설정, 역할 분담, 조정의 문제가 야기된다.

사회재난 관리는 복합재난의 형태로 전이 될 수 있으며 영향의 크기(Business Impact Analysis : BIA)는 도미노식으로 전개될 수 있고 위험도 복합적으로 발생된다. 체감 효과는 재난유형별 재난의 크기에 관한 느낌이 떨어져 방심하는 경향이 크며 재난 피해로 인한 파급효과가 사회, 경제적으로 매우 커서 공황상태로 확대 될 수 있다.

사회재난은 사회적 환경과 시대적 흐름에 따라 유동적으로 변화 될 수 있으므로 인간의 관심도 및 지식의 척도·부의 척도에 따라 달라질 수 있으므로 재난관리 방안에 따라 재난현장 대응 중심의 재난대비 대응체계가 구축되어야 한다.

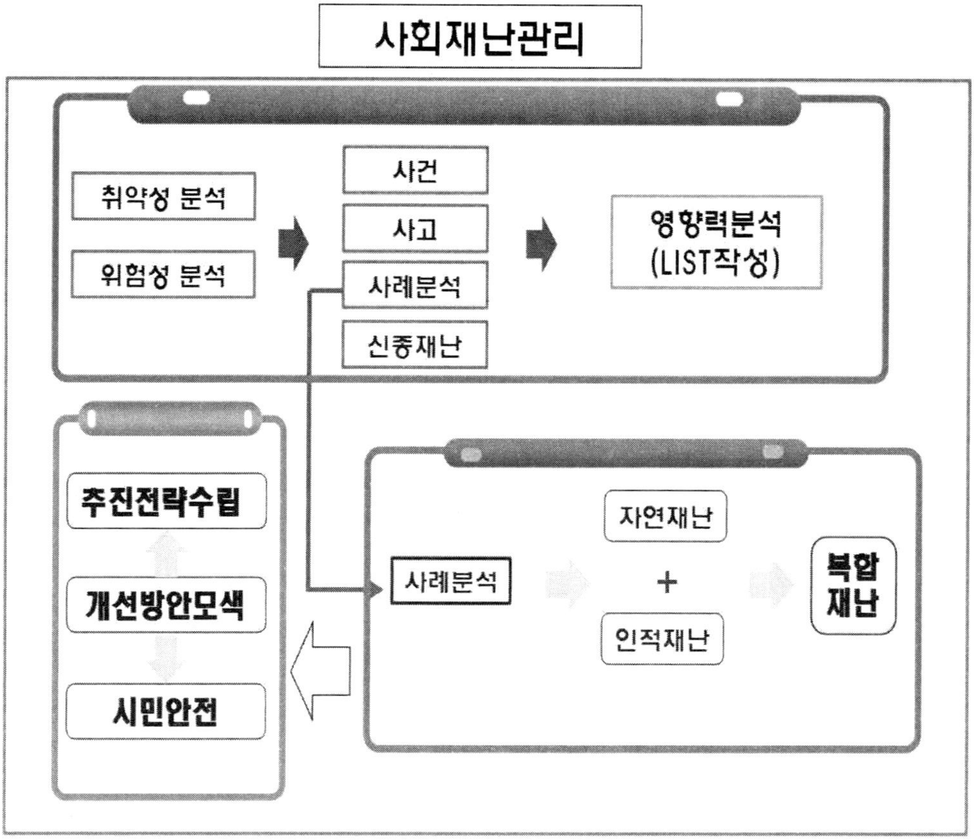

[그림 3-12] 사회재난관리 모델

5. 협업체계(Collaboration)

협업체계는 재난유형에 따라 사전에 약속된 기관간의 업무우선순위를 시행하여 절차에 따라 인적·물적 자원 동원의 효율성을 담보하여 기능적 협업(Functional Collaboration)을 도출하는데 그 목적이 있다.

제 6 절 우리나라 재난현장 지휘체계

1. 재난현장 지휘체계의 개념

재난현장지휘체계란 지휘관이 운영하고 있는 조직, 절차, 기술수단을 포함하는 총체적 개념이다. 재난현장은 불명확한 상황 하에서 신속한 판단과 실행이 필요한 곳이므로 현장지휘관은 다양한 정보수집과 분석을 통해 현 상황 하에서 최적의 상황판단을 하여 이를 현장구조대 및 대원들에게 신속하게 구체적인 지휘명령을 하여 현장대응의 목적을 효과적으로 달성하도록 하는 역할이다. 따라서 재난 현장에서의 지휘체계는 효율적이며 효과적인 대응수단을 신속하게 판단하고 실행시킬 수 있는 조직과 절차 및 기술수단을 갖추고 구조대 및 개인에게 구체적인 지휘명령을 하는 조직체계를 말 한다고 볼 수 있다.

2. 재난현장 지휘체계의 의의

재난현장 대응조직 간 또는 재난현장 대응조직과 재난현장 밖의 상황관리조직 간 긴밀한 연계, 협력, 지원 등의 효과적인 재난현장지휘체계 구축은 성공적인 재난관리의 필수 요건이다. 현행 우리나라 재난현장지휘는 중앙에 행정안전부 소방청장이 단장인 긴급구조통제반을 두고 통제반에 총괄지휘부, 대응계획부, 자원지원부, 현장지휘부, 긴급복구부를 두고 지역에는 지역소방본부장과 소방서장이 단장이 되는 시·도, 시·군·구 긴급구조통제단을 운영하도록 되어 있다.

3. 법·제도상 재난현장 지휘체계

제16조(지역재난안전대책본부) ① 해당 관할 구역에서 **재난의 수습 등에 관한 사항을 총괄·조정하고** 필요한 조치를 하기 위하여 시·도지사는 시·도재난안전대책본부(이하 "시·도대책본부"라 한다)를 두고, 시장·군수·구청장은 시·군·구 재난안전대책본부(이하 "시·군·구대책본부"라 한다)를 둔다. <개정 2013.8.6., 2014.12.30.>

③ 시·군·구대책본부의 장은 재난현장의 총괄·조정 및 지원을 위하여 재난현장 통합지원본부(이하 "통합지원본부"라 한다)를 설치·운영할 수 있다. 이 경우 **통합지원본부의 장은 긴급구조에 대해서는 제52조에 따른 시·군·구긴급구조통제단장의 현장지휘에 협력**하여야 한다.

<신설 2013.8.6., 2014.12.30.>

제52조(긴급구조 현장지휘) ① **재난현장에서는 시·군·구긴급구조통제단장이 긴급구조활동을 지휘한다.** 다만, 치안활동과 관련된 사항은 관할 경찰관서의 장과 협의하여야 한다.

② 제1항에 따른 현장지휘는 다음 각 호의 사항에 관하여 한다.

1. 재난현장에서 인명의 탐색·구조
2. 긴급구조기관 및 긴급구조지원기관의 인력·장비의 배치와 운용
3. 추가 재난의 방지를 위한 응급조치
4. 긴급구조지원기관 및 자원봉사자 등에 대한 임무의 부여
5. 사상자의 응급처치 및 의료기관으로의 이송
6. 긴급구조에 필요한 물자의 관리
7. 현장접근 통제, 현장 주변의 교통정리, 그 밖에 긴급구조활동을 효율적으로 하기 위하여 필요한 사항

[표 5] 재난 및 안전관리 기본법

4. 재난현장 대응 표준 모델

현재 재난현장 대응 표준 모델에서의 현장지휘체계는 긴급구조활동에 대한 지휘체계이다.

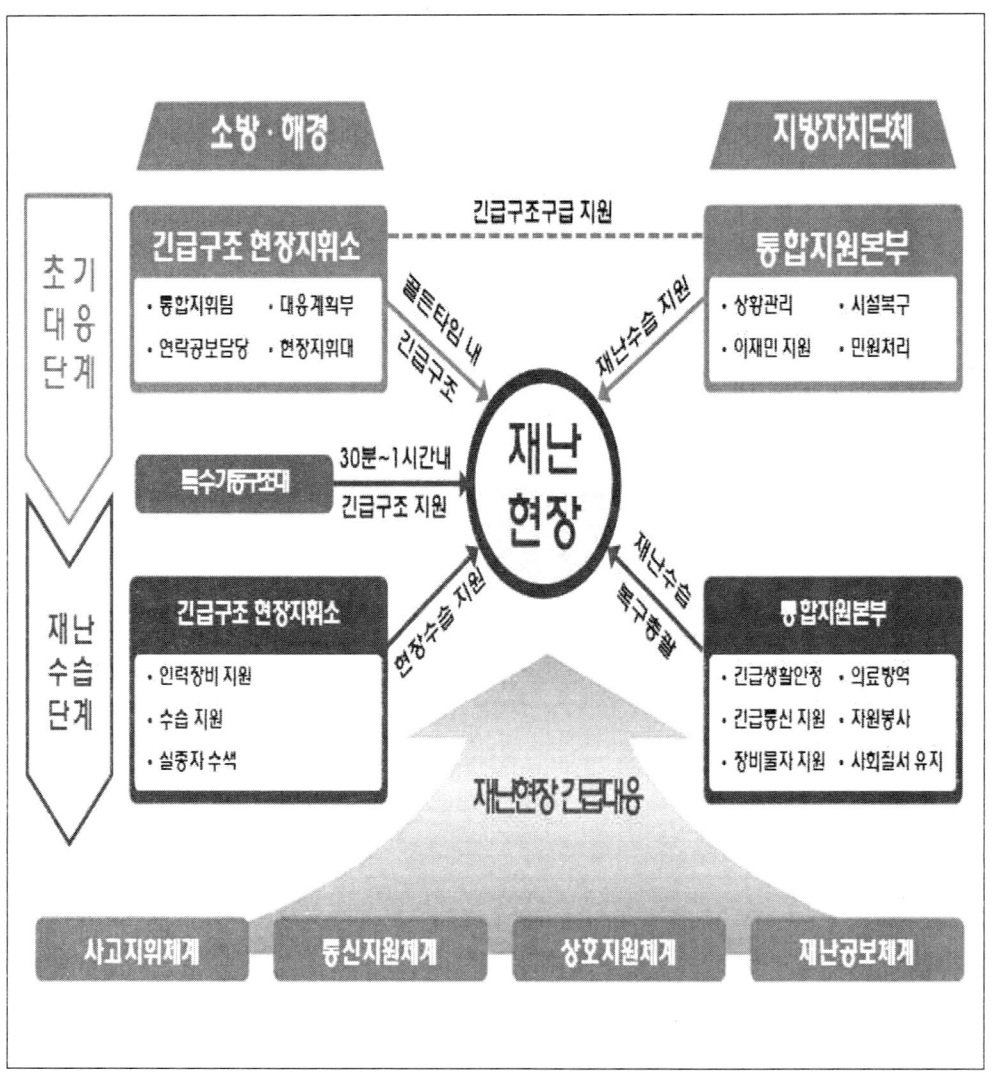

[그림 3-13] 재난현장 대응 표준 모델

5. 재난관리 현장 대응 13개 협력 기능 체계

1) 재난대응 활동계획의 의의

재난대응 활동계획은 「재난 및 안전관리 기본법」 34조의 4 및 같은 법 시행령 43조의 5에 명시된 기능으로 "재난관리책임기관의 장은 재난관리가 효율적으로 이루어질 수 있도록 대통령령으로 정하는 바에 따라 기능별 재난대응 활동계획을 작성하여 활용하여야 한다."고 규정하고 있다.

재난대응 활동계획은 재난의 유형별, 조직별 대응이 아닌 기능별 대응전략으로 총 13개 분야의 기능을 제시한다.

13개 협력기능은 재난 대응반을 구성하여 운영하도록 명시되어 있으며, 재난유형에 따라 13개 협력기능 중 필요 기능별로 편제 및 운영 할 수 있다.

재난관리 현장 대응 13개 협력기능체계는 그림 3-14와 같다.

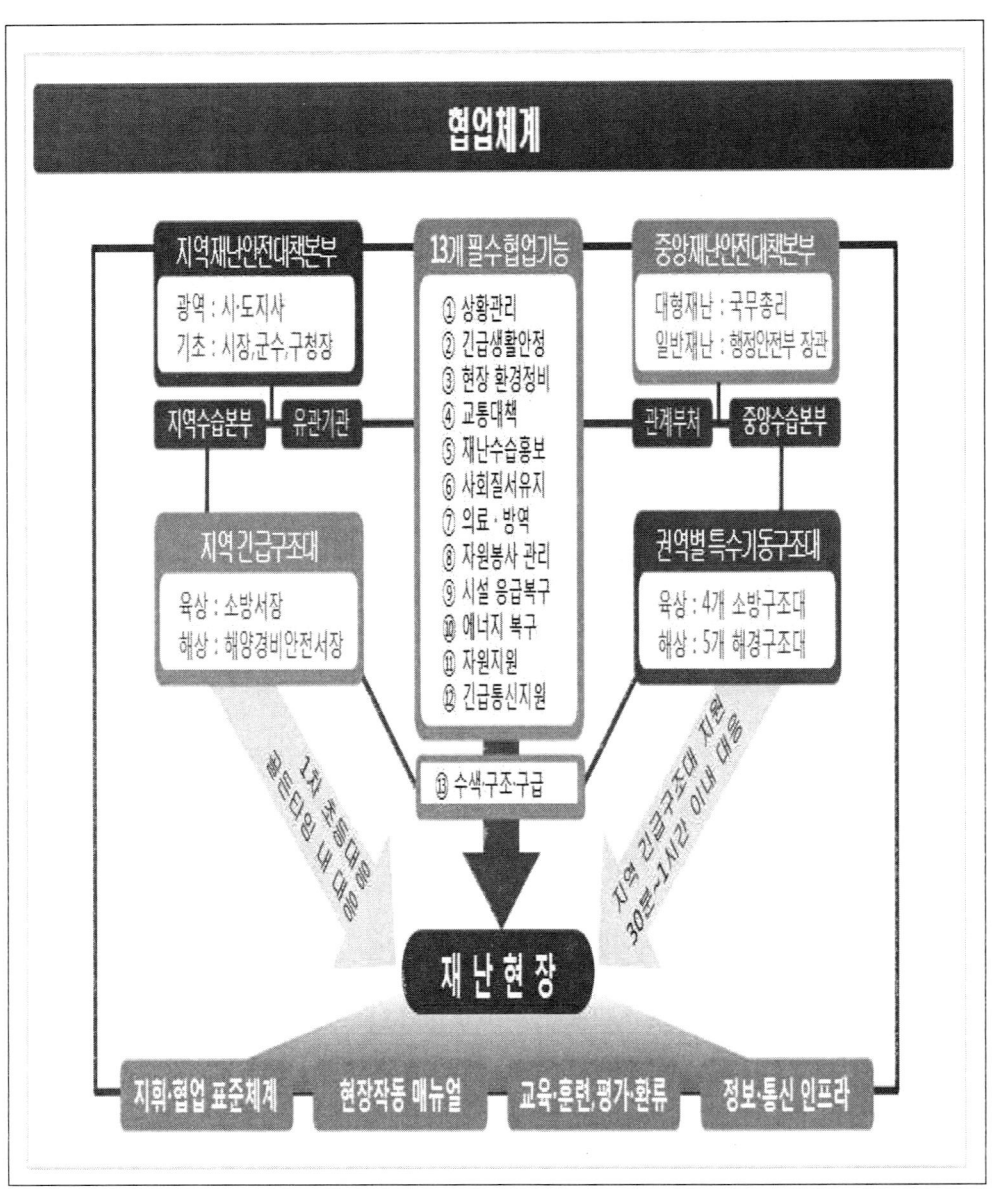

[그림 3-14] 재난관리 현장 대응 13개 협력기능체계

6. 재난현장대응·수습체계

한국형 ICS(Incident Command System)재난현장대응·수습편제는 공보관, 관계기관 연락관, 상황총괄(대응계획), 현장대응, 자원지원, 대민지원(긴급복구)으로 그림 3-15와 같이 표준화 되어 있다.

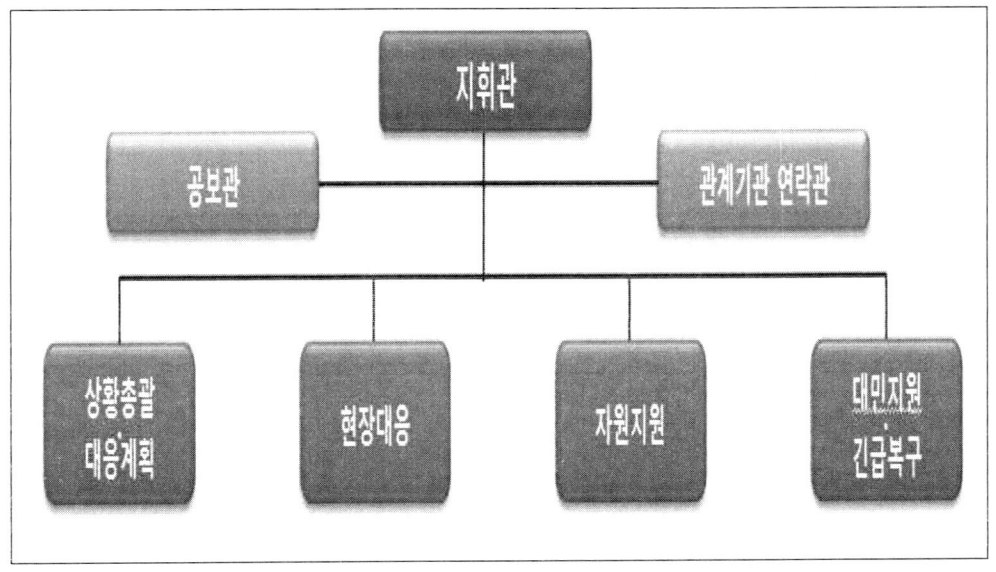

[그림 3-15] 재난현장 대응·수습체계(한국형 ICS)

7. 재난현장 지휘 및 협력체계

재난현장에서 지휘는 그림 3-16과 같이 긴급구조와 수습복구로 구분된다. 재난현장에서는 무엇보다 긴급구조가 최우선시된다. 이때 소방의 긴급구조통제단이 먼저 가동되어 긴급구조를 할 때 통합지원본부는 재난현장에 설치되어 지원을 하게 된다. 군·경·유관기관·협회·단체도 긴급구조 지원에 참여하게 된다.

수습복구는 긴급구조가 종료되어갈 때 재난현장에서 긴급구조통제단장은 지휘권을 시·군·구 부단체장에 이양하고 시·군·구 부단체장은 지휘권을 이양받아 수습·복구 현장을 지휘하게 된다. 군·경·유관기관·협회·단체도 통합지원본부장의 지휘를 받아 수습·복구 현장에 참여하여 지원하게 된다.

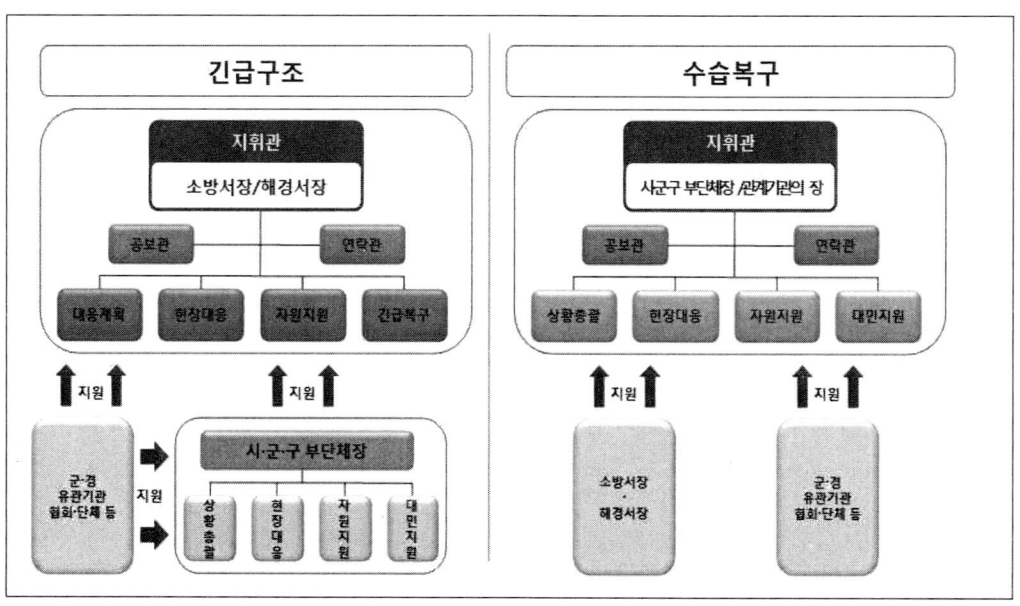

[그림 3-16] 재난현장 지휘 및 협력체계

8. 특수구조대 확대

특수구조대 확대는 육상재난 전국 30분 이내, 해상재난 전국 1시간 이내 대응이 가능하도록 육상구조대 2개 → 4개, 해양구조대 1개 → 3개로 확대하여 재난발생 시 신속한 대응을 할 수 있도록 스힌 3-17과 같이 개편되었다.

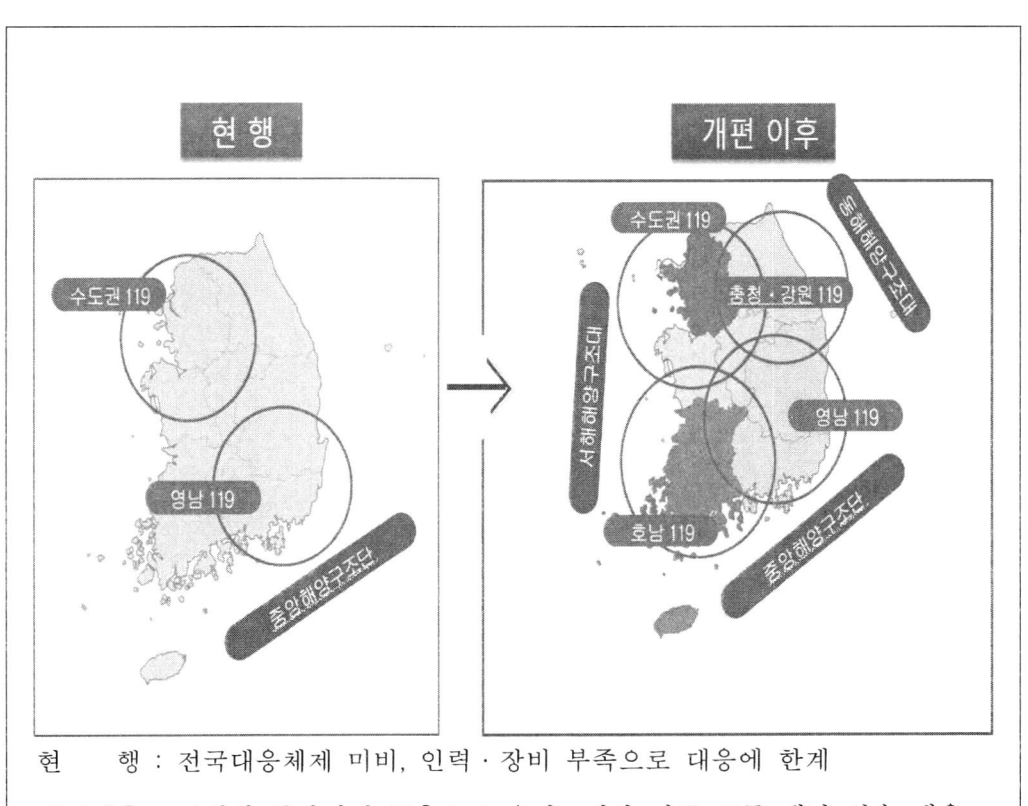

[그림 3-17] 특수구조대 확대

9. 재난대응체계

1) 중앙사고수습본부 중심

재난현장 대응 훈련체계는 중앙사고수습본부 또는 광역지역사고수습본부를 중심으로 재난유형에 따라 참여하여야 할 유관부서와 유관기관을 포함해야 한다.

재난현장 대응 훈련체계는 그림 3-18과 같다.

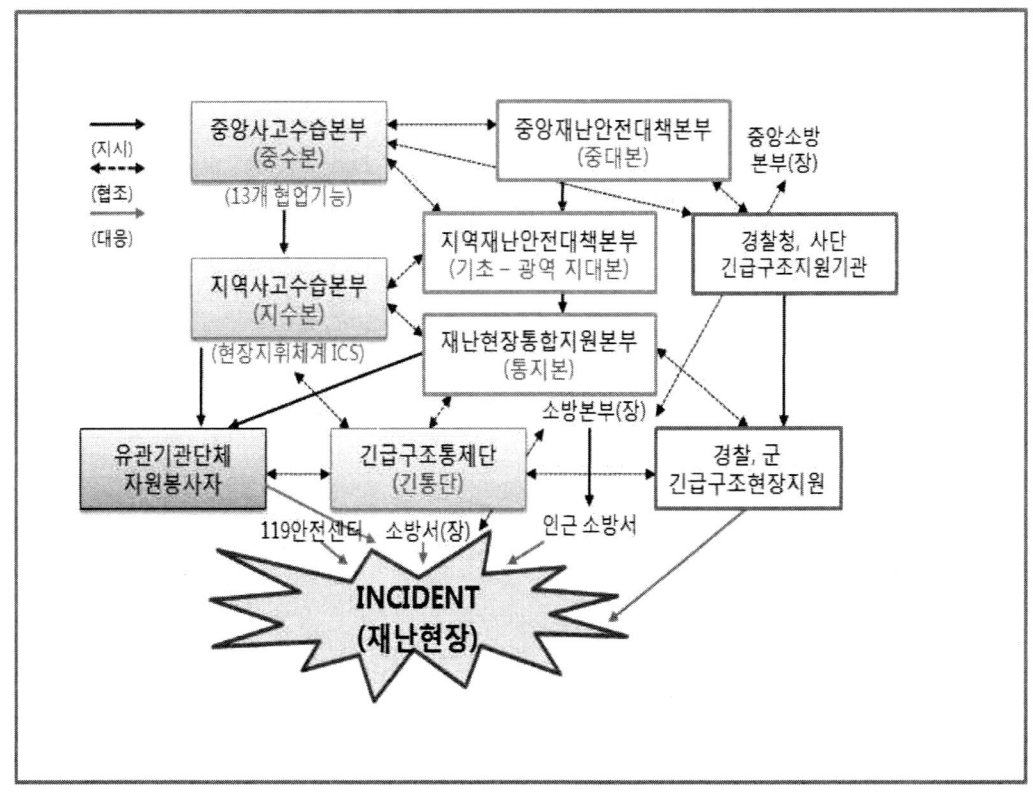

[그림 3-18] 중앙사고수습본부중심

2) 광역지자체 중심

현장 대응기관과 통합·연계 훈련이 되도록 기초 지자체 재난안전대책본부 또는 지역사고수습본부, 긴급구조통제단 및 현장통합지원본부의 설치 운영과 지휘체계를 포함한 재난현장 대응훈련체계는 그림 3-19과 같다.

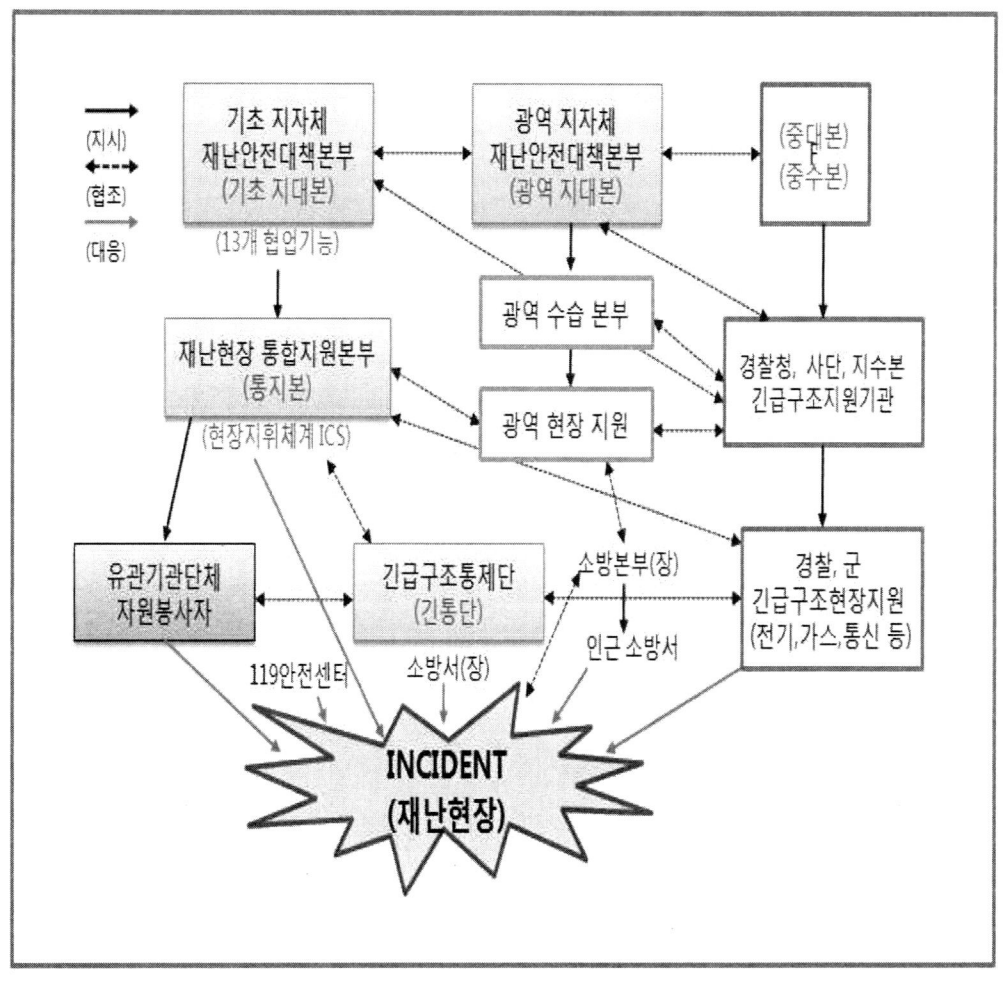

[그림 3-19] 광역지자체 중심

10. 우리나라 국가사고관리체계

[그림 3-20] 우리나라의 국가사고관리체계

11. 공공기관의 업무연속성(COOP)

그림 3-21은 공공기관의 업무연속성(COOP) 구조로서 KS A ISO 22301 (BCMS) 업무연속성계획을 도입 했을 때 실행 상의 미비점과 보완사항을 반영한 모델이다.

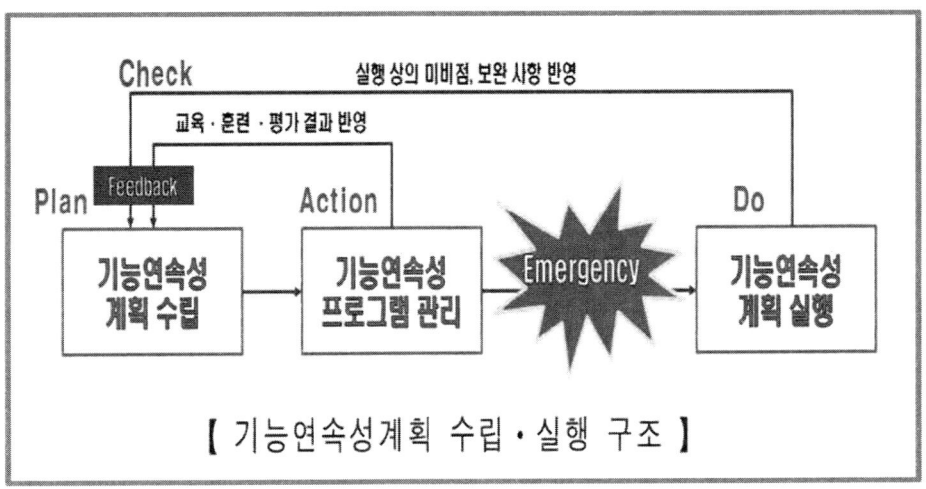

[그림 3-21] 공공기관의 업무연속성(COOP)

12. 협업기능(Emergency Support Function : ESF)

업무연속성 구축에 따른 기관 간, 조직 간 협업체계를 통하여 완성도를 그림 3-22와 같이 높일 수 있다.

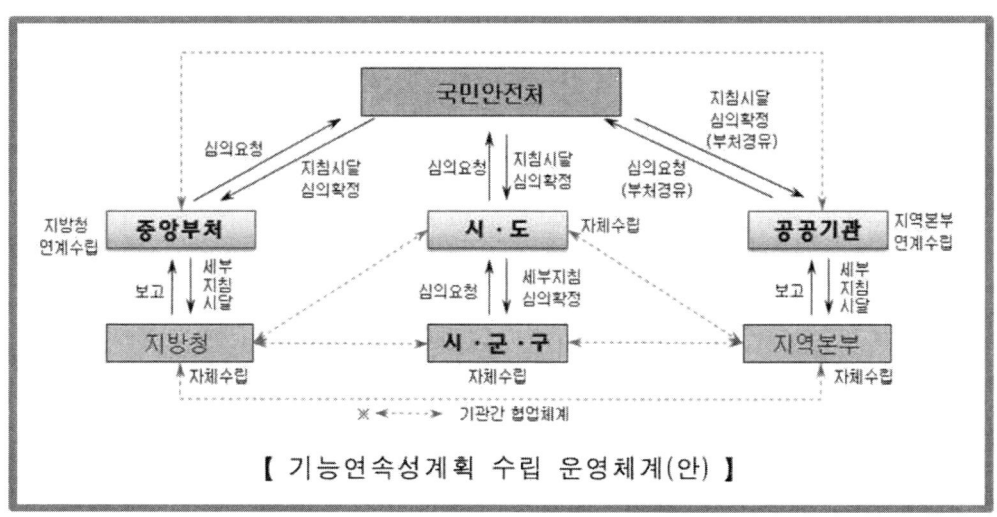

[그림 3-22] 협업기능(Emergency Support Function : ESF)

13. 국가기반시설의 공공 업무연속성

국가의 핵심기반 시설을 운영하는 조직의 경우 그림 3-23과 같은 예시를 들 수 있다.

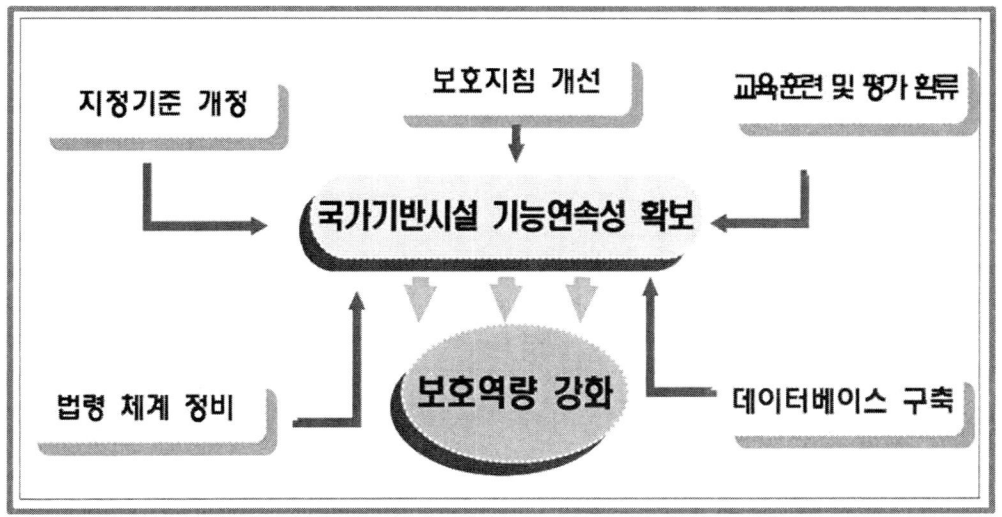

[그림 3-23] 국가기반시설의 공공 업무연속성

제 4 장 재난관리를 위한 협업과 협력

제 4 장 재난관리를 위한 협업과 협력

제 1 절 협업

1. 협업의 개념

협업은 다수 행위자(조직, 부서, 부처, 부문) 간 공동의 목적을 달성하기 위해서 행정자원을 동원하여 시너지 결과를 도출하려는 일련의 행위이다.

1) 협업의 사전적 정의

- 많은 사람이 일정한 계획 아래 노동을 분담하여 협동적·조직적으로 일하는 것
- Sofaer는 협업을 "조직, 그룹, 개인의 집합 간 구조적이고 목적성을 지닌 상호작용을 위한 도구(vehicle)"로 정의

2) 협업의 의의

협업은 협업체의 구성으로부터 시작한다. 협업의 수준(개인, 부서, 부처 등) 구성체 모델에 따라 다양한 협업의 의의를 기대 할 수 있다.

3) 협업의 유형

협업이 이루어지기 위해서는 서로 다른 또는 유사한 특성을 가지는 복수의 행위자 간의 관계가 형성되어야 한다. 따라서 협업은 각각의 행위자가 가지는 특성과 맺어지는 관계의 정도에 따라 다양한 형태로 나타나고 있는 것을 말한다.

민간 분야의 전문적 지식과 성과를 가지는 민간 전문가와의 협업, 지역사회의 지속 가능한 발전과 안전을 위해 관심과 애정을 가지고 자발적으로 참여하는 민간 자원봉사자와의 협업이 있다. 이를 정리하면 표 6과 같다.

유형		내용
정부 조직간 협업	수평적협업	동일한 지위를 가지는 타 정부조직에 속한 행위자와의 협업
	수직적협업	상급 지위를 가지는 타 정부조직에 속한 행위자와의 협업
민관 협업	전문가와의 협업	민간 분야에서 전문적 지식과 성과를 가지는 전문가와의 협업
	자원봉사자와의 협업	지역사회의 지속가능한 발전과 안전을 위해 관심과 애정을 가지고 자발적으로 참여하는 자원봉사자와의 협업

[표 6] 협업을 구성하는 행위자 기준

4) 협업행정에서 선행연구의 협업 정의

협업이란 학자마다 분야별 시각이 다르고 현실 경험이 다르기 때문에 협업에 관한 무수한 정의가 내려져 있다.

그동안 제시된 협업에 대한 정의를 정리하면 다음과 같다.

(1) 학자별 협업의 정의

　① Lai(2011: 1) : 참여자들이 함께 문제를 해결하기 위해 상호 협력하는 것을 의미 협업의 상호작용은 목표 공유, 구조의 대칭성, 높은 협상수준, 상호작용, 상호의존성으로 간주

　② Himmelman(2002: 3) : 조직이 상호혜택과 공동목적을 위해 정보를 교환하고 활동을 변경하며 자원을 공유하고 위험성, 책임, 보상을 공유함으로서 서로의 역량을 향상시키는 과정

　③ McGuire(2006) : 단독으로 행동하면 달성하기 어려운 목표를 달성하고자 복수의 조직이 함께 노력하는 모든 방식을 포함

　④ Bardach(1998: 8) : 각각이 아닌 함께 일 함으로서 공공가치를 증가시키려 하는 둘 이상 기관의 모든 공동 활동

　⑤ Linden(2002: 7) : 서로 다른 조직(또는 한 조직 내의 단위)의 사람들이 공동 노력, 자원, 의사결정, 최종 생산물, 서비스의 소유권 공유를 통해 무언가를 함께 생산할 때 발생

(2) 기업 간 협업 현황 및 선행연구 분석의 정의

협업은 사전적으로 "많은 노동자들이 협업하여 계획적으로 노동하는 일"을 의미한다. 따라서 시대와 장소를 초월하여 가치를 생산하는 모든 집합적 활동을 의미하며 아울러 자본주의적 경제시스템에 한정하여 보면 협업의 장점은 거래비용의 감소와 거래 효율의 증가를 통해 오늘날 기업의 출현을 가능하게 한 원동력이었다.

5) 협업의 성공요인

협업을 성공시키기 위해서는 협업조직을 구성하는 사람, 과정, 협업추진에 사용되는 기술 간의 유기적인 관계가 형성되어야 하며 신뢰, 공유 목표, 소통, 투명성 등의 요소가 협업 전 과정에서 밑바탕 되어야 한다. 협업의 성공 요인을 협조, 조정과 비교하여 정리하면 표 7과 같다.

구분	사람	과정	기술
협업	• 조직 간 높은 수준의 신뢰형성 • 개인 간 믿을만한 관계 형성 • 공유 목표에 대한 믿음. 공유 정보에 대한 열망 • 고위험 가능성을 줄여주는 높은 신뢰	• 잦은 매입과정 • 신뢰를 다시 강화시켜주는 과정들 (가령, 목표와 책임의 정의) • 협업 교육/의사소통을 가능하게 해주는 과정들	• 협업 도구로 높은 수준의 다양한 기술이 선택되며, 특정한 활용성으로 작동됨 • 신뢰를 다시 강화시켜줌(가령, '인적' 상호 작용에 필적하는) • 투명성 제공
협조	• 신뢰 수준의 차이(특정 조직/팀/개인에 대한 신뢰 수준이 높을 가능성) • 프로젝트 목표에 대한 확실한 몰입 • 필요한 만큼 정보를 공유하려는 의지 • 위험보다 신뢰의 중요성이 떨어질 수 있음	• 일부 적절한 협업/신뢰 과정들 • 다양한 매입으로 인한 효과가 혼합되어 신뢰에 영향을 미침 • 여러 과정들이 더 많은 신뢰를 위해 개별적으로 초점을 맞춰 진행되지 않음	• 협력적인 도구의 제공·채택이 불균등하게 이루어질 수 있음 • 의사소통을 가능하게 만들어 주지만 신뢰를 재 강화하기 위해 쓰이지 않을 수 있음 • 투명성과는 관련이 거의 없음
조정	• 신뢰는 문화의 일부가 아님 • 신뢰를 구축하려 하거나 심지어 필요한 경우가 거의 없음 • 정해진 목표를 달성하기 위한 사고방식 • 지시에 따른 정보 해석 • 위험에 대한 높은 수준의 인지	• 협업/신뢰 과정이 없거나 미미한 수준임 • 다른 활동으로부터 과정을 '차용하거나' 변형시켰을 가능성이 있음 • 참여자들을 보호하는 데 초점을 맞춤	• 구체적으로 협업/신뢰를 향상시키기 위해 고안된 도구가 없거나 미미한 수준임 • 교육받지 않은 사용자는 비효율적인 기술 사용으로 신뢰를 훼손시킬 수 있음 • 제한된 접근에 초점을 맞춘 도구들

[표 7] 협업 성공요인

6) 협업의 함정, 협업이 어려운 이유

올바른 협업을 발휘 할 수 있도록 노력함에도 불구하고 사내 협업이 정착되기 어려운 4가지 함정을 살펴보면 첫 번째로 '사일로 문화'에서의 협업으로 부서 간 치열한 경쟁에 긍지를 느끼는 분권화된 기업이라면 성과를 창출하는 협업을 기대하기에 어려움이 있다. 사일로는 다른 부서와 소통하지 않고 자신의 이익을 추구하는 부서나 부문을 말한다.

2003년 애플의 아이팟에 반격을 시도했던 소니는 사내에 훌륭한 PC, 휴대용 오디오, 플래시메모리, 배터리, 콘텐츠(미국&일본 소니뮤직) 부서를 모두 보유하고 있어 아이팟에 강력한 대항마를 출시할 수 있을 것으로 확신했다. 그러나 사내 각 부문·부서들 간 경쟁으로 다져진 소니의 기업문화는 소통 불가능으로 이어져 아이팟 대항마로 출시 한 제품은 참담히 패배했다. 스트링거 당시 회장은 "사일로가 너무 많아 소통이 불가능했다"고 회고했다.

두 번째 함정으로는 적정선을 넘어 지나치게 협업하려는 '과잉 협업' 현상이 존재한다. BP(British Petroleum)의 최고 경영진은 "조직의 벽을 깨고 경계를 넘어 여러 부서의 직원으로 구성된 팀으로 함께 일하라"는 주문을 반복했다. 이로 인해 엄청난 수의 협업팀이 생겨났고(탐사 부문에서만 수백 개의 협업팀이 활동, 심지어 헬리콥터 활용 협업팀도 존재) 관리자들에게서 과도하게 업무 시간을 빼앗아 갔다. 협업 그 자체를 위한 협업팀이 많았던 것. 이와 관련하여 존 레가트 BP 임원은 "문제의 본질은 잊은 채 아이디어만 공유하려고 전 세계를 돌아다니는 경우도 많아졌다."고 말했다.

세 번째 함정은 '협업가치의 과대평가'로, 사업 부문 간 협업이 엄청난 시너지를 창출할 것이라는 믿음에 현혹된다는 것이다.

2000년 AOL(America Online)이 타임워너를 인수(3500억 달러, 현재까지 미국 역사상 가장 큰 액수)했을 때, AOL은 자사의 인터넷 서비스 사업부와 타임워너의 콘텐츠 사업부가 협업해 엄청난 시너지를 낼 것으로 기대했다. 하지만 실제 시너지 효과가 발생하지 않았고 많은 비즈니스 스쿨에서 실패 사례로 자주 거론되고 있다. AOL의 임원들이 빠진 함정은 협업의 잠재 가치를 과대평가 했던 것이다.

마지막 함정은 '협업비용의 과소평가'다. 협업 추진 시 수반되는 갈등의 해결 과정에서 발생하는 비용에 대해서 충분히 인식하지 못하는 경우다. 협업 프로젝트는 공동의 목표를 위해 여러 부서의 사람이 한 팀에서 같이 일하면서도 실제로는 자기 부서의 이해관계에 얽매이는 경우가 많다.

스탠퍼드대 페퍼 교수는 이러한 원인을 사람의 본질적인 욕구로 설명했다. 개인은 조직의 계층구조에 따라 최하 조직에서 시작해 최상위까지 다양한 집단(예, 그룹-실-부문-본부-회사)에 속해 있는데, 개인에게 가장 근접한 집단의 안전과 이익을 가장 우선 시 하는 경향이 있다.

협업 네트워크를 구성할 때 이러한 부정적인 면은 예상하지 못한 채, 협업 성과에 대한 낙관적 추측에만 기초한 전망을 시도하는 경우가 많다. 협업의 함정을 극복하고 좋은 성과를 내는 협업을 달성할 수 있도록 협업기회 평가, 협업장벽 파악, 맞춤형 해결책을 실천해야 한다.

한센 교수는 기업이 어떻게 부서 간의 장벽을 극복하고 체계적인 협업을 이끌 수 있는지 다양한 사례와 연구결과를 제시했다. 협업을 실행할 수 있도록 조직의 상황을 명확히 진단하고, 그에 맞춰 최적화된 방안을 수립하는 것이 중요하다고 제언한다.

(1) 체계적 협업의 5대 비결

<비결 1> 협업을 해야 할 때와 피해야 할 때를 구분해야 한다.

출범된 협업팀이 프로젝트의 목적을 두고 논쟁하고, 이해득실로 인해 벌어지는 부서 간의 갈등을 조정하느라 시간을 빼앗겨 본업 경쟁력이 저하되는 등 협업이 불러오는 보이지 않는 숨은 비용은 예상외로 크다.

따라서 협업 비용을 계산해야 한다.

협업 프리미엄 = 프로젝트 수익−기회비용−협업비용 ⇒ 협업비용을 줄이는 것이 성과창출을 위한 체계적 협업의 출발점이다.

<비결 2> 협업을 방해하는 '협업장벽'의 명확한 파악이 요구된다.

9.11 테러는 협업장벽의 결과다. 9.11 이전에 미국 중앙정보국 (CIA), 연방수사국 (FBI), 국가안보국 (NSA), 국방정보국 (DIA)을 비롯 15개 정보기관이 알카에다의 모든 행동을 알고 있었다.

미 정부 조사 결과 9.11테러를 사전에 예지하지 못한 이유는 각 기관들이 자신들의 목표에만 집중하고 타 조직과의 협력에는 관심을 보이지 않는 전형적인 협업장벽에 막혀 있었다.

"9.11테러 이전 정보기관들은 각기 다른 부문의 전문가들이 제각기 검사를 하고 처방을 내린 것과 같이 행동했으며, 전문가들이 협업해 움직이도록 종합적인 판단을 내리는 주치의 역할을 하는 존재가 없었다." (Lee Hamilton, 9.11테러 진상조사위원회 부위원장)

일반적으로 협업을 가로막는 장벽은 NIH(Not-Invented-Here) 장벽, 독점 장벽, 검색 장벽, 이전 장벽의 네 가지다.

· NIH 장벽: 외부나 타 부서에게 도움이나 조언을 구하려 하지 않는 현상
· 독점 장벽: 타 부서에 도움을 줄 수 있지만 주지 않는 현상
· 검색 장벽: 적절한 정보와 사람을 찾기 어려운 현상
· 이전 장벽: 잘 모르는 사람에게 지식이나 기술을 이전하기 어려운 현상

이 장벽들이 사내에 얼마나 만연해 있는지, 효과적인 협업을 위해서 해결해야 할 장벽이 무엇인지를 정확히 분석한 후 해결책을 마련해야 한다.

<비결 3> 협업적 (T자형) 인재를 육성한다.
T자형 인재는 자신의 팀 성과에 집중 (T자의 수직 부분)하면서도 다른 부서와도 협업 (T자의 수평 부분) 할 수 있는 인재를 의미한다.
이를 위해서 개인적 성과가 큰 스타플레이어 대신에 성과와 협업 모두에 능한 인재를 인사 관리의 모든 측면에서 중시하는 체계를 구축해야 한다.

<비결 4> 브리지를 활용한 강력한 네트워크 구축이 필요하다.
브리지는 자신들의 네트워크를 이용해 사람들이 서로 연결될 수 있도록 도와주는 사람으로 브리지 역할을 하는 사람들에게서 사람들이 원하는 것은 그 사람이 알고 있는 지식이 아니라 '알고 있는 사람들' 이다.
사람들은 가까이 있고 친숙한 사람을 활용하는 경향이 있다. 익숙한 얼굴보다는 브리지를 활용, 사내 네트워크 내 브리지를 많이 만들어야 한다.

<비결 5> 공간 협업을 활용한 강력한 네트워크 구축이다.
오프라인의 경우 사람들은 가까이 있는 사람들과 교류하는 것을 선호한다. 책상이 가까이 있을수록 소통이 활발하고 책상 사이가 25m 이상 떨어져 있을 때는 소통이 거의 없다.

온라인의 경우 본사-지사 간 원거리 기업, 다국적 기업은 사실상 오프라인에서는 협업이 불가능하기 때문에 협업 어플리케이션 등 시공을 좁히는 온라인 협업에 대한 효과적이고 체계적인 방법 도입이 관건이다.

버클리대 한센 교수는 협업을 위해 '부서 간 협업 기회의 진단', '조직 내 협업 장벽 파악', 'T자형 인재와 브리지 육성'을 조언했다.
부서 간 협업 기회 진단은 부문 및 부서 간 협업을 통해 얻을 수 있는 편익이 무엇인지 협업 매트릭스 진단을 통한 세부적 평가 시도 등이 포함된다. 그룹 내 협업 장벽 파악은 소속 부서에 두드러지는 협업 장벽이 무엇인지 확인하고 협업 리스크를 최소화 해 더 나은 성과 달성이 가능한 협업 모델을 구축해야 한다는 것이다.

아울러 T자형 인재 육성을 위한 협업에 대한 인정·평가연계, 기업 내 다양한 직무를 경험한 장기 근속자 및 다양한 분야에 대한 지식을 가진 사람들을 발견·확보함은 물론 브리지들이 역할을 할 수 있도록 업무량과 근무시간 조절의 필요성을 강조했다.

7) 협업의 정의

현재 우리나라의 협업의 정의는 ESF(Emergency Support Function) 13개 협력기능을 협업으로 정의하고 있다.
ESF 13개 협력기능은 대응에 필요한 기능적 역할을 도와줌으로써 재난 발생 시 효율적인 재난관리가 될 수 있도록 하기 위함으로 상호협력체계라고 말할 수 있으며 협업은 협력을 통한 조직, 그룹의 정보 교류, 관련 기관의 전문성과 장점 등을 통한 시너지 효과를 얻을 수 있는 것을 협업이라고 정의 한다.

2. 협업 모델

1) 협업 보우-타이 이론 및 적용 모델

(1) 보우-타이 이론

처음에 그림 4-1과 같은 형태를 띠기 때문에 '나비도'로 불렸고 1970년대 후반에 ICI의 데이비드 길이 원인결도를 발전시켜 그가 처음으로 이것을 보우-타이(Bow-Tie)로 불렀다고 알려지고 있다. 문헌상으로는 호주 퀸즈랜드대학교의 ICI Hazan Course Notes에서 처음 사용되었다.

이 기법이 획기적으로 발전하게 되는 시점은 1990년대이며, Royal Dutch/Shell 그룹이 전 사업장에 보우-타이기법을 적용하면서 부터이다.

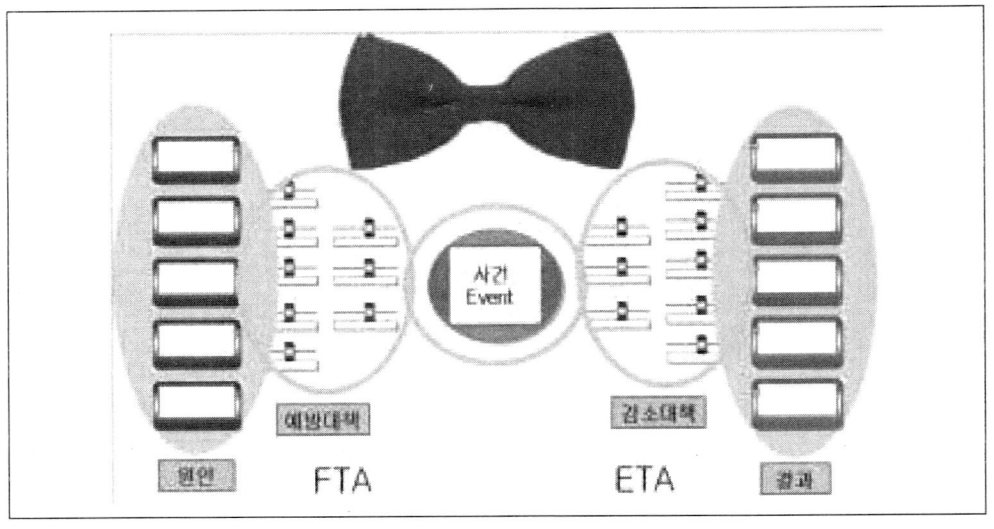

[그림 4-1] 보우-타이 위험성 평가의 형태

보우-타이(Bow-Tie) 위험성 평가 기법은 아직 국내에는 잘 알려져 있지 않지만 외국에서는 오랜 기간 동안 사용되었다. 이 기법의 명칭은 영어 표현 그대로 위험을 분석하는 형태가 나비넥타이와 같은 형태를 띠기 때문에 붙여지게 되었다. 나비넥타이의 왼쪽은 원인과 관련된 내용이 표시되고, 오른쪽은 결과와 관련된 내용이 표시되며 한 장의 그림으로 어떤 사건의 원인과 결과, 원인이 발생되는 것을 막는 예방대책, 결과(피해)의 크기를 감소시키기 위한 대책과 이러한 모든 사항을 위험도 관리시스템을 통해 연계할 수 있는 것이 장점이다.

(2) 협업 C4와 C5

협업 C4는 KS A ISO 22320 사회안전-긴급사태관리-사고대응의 지휘, 통제, 협력, 조정을 말하며 C5는 지휘, 통제, 협력, 조정, 협업으로 그림 4-2와 같다.

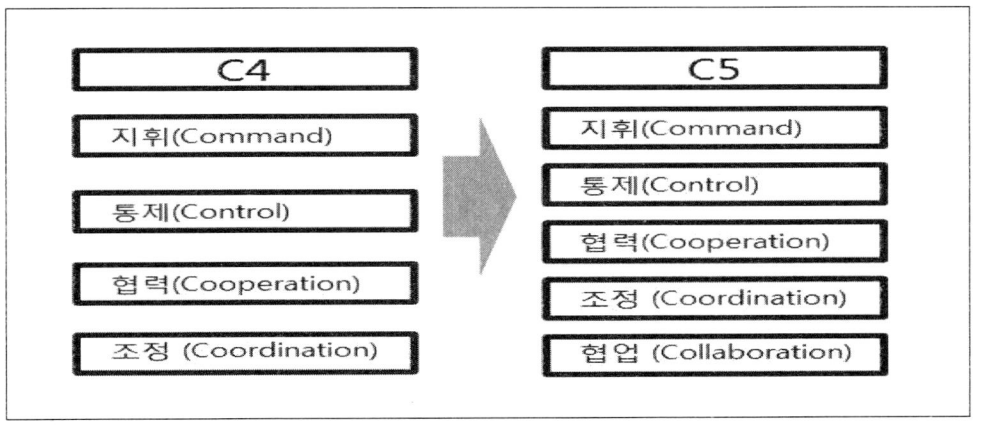

[그림 4-2] 긴급사태관리-사고대응 C4→C5

(3) 보우-타이를 적용한 협업 모델

현장지휘체계에 예방·대비·대응·복구 재난관리 4단계별 협업을 적용한 효과성은 그림 4-3과 같다.

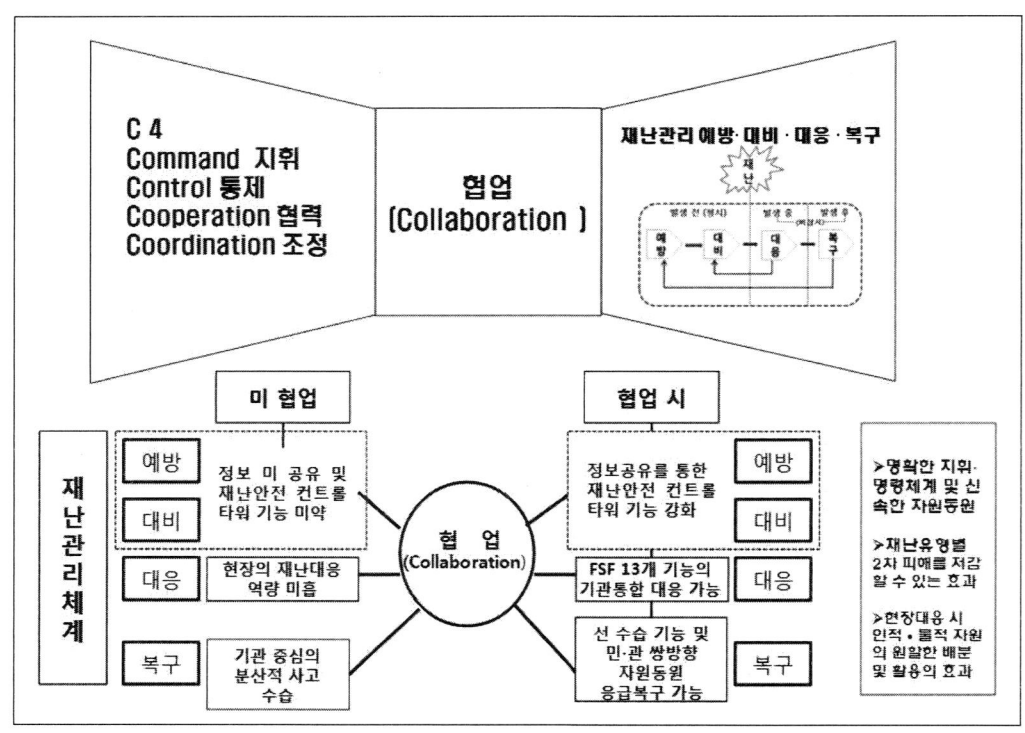

[그림 4-3] 보우-타이 적용 협업 모델

① 현장지휘체계 협업이 이루어지지 못한 경우

재난관리 단계 예방·대비 측면에서 미 협업 시 정보공유와 재난안전컨트롤타워 기능이 미약하며 대응단계는 현장의 재난대응 역량미흡에 따른 재난발생시 현장 적용이 어려우며 복구단계 역시 기관중심의 분산적 사고수습으로 인한 재난수습의 어려움이 발생한다.

② 현장지휘체계 협업이 원활하게 이루어지는 경우

재난관리 단계별 협업을 적용하면 예방·대비는 정보 공유를 통한 재난안전 컨트롤타워 기능이 강화된다. 대응단계는 원활한 ESF 13개 기능의 기관 간 통합대응이 가능하다. 또한 복구단계 역시 선 수습 기능 및 민·관 쌍방향 자원 동원으로 응급복구가 가능하다.

2) 보우-타이를 적용한 협업 모델 적용 시 기대 효과

보우-타이를 적용한 협업 모델 적용 시 기대 효과의 측면은 명확한 지위·명령체계 및 신속한 자원동원으로 재난유형별 2차 피해를 저감 할 수 있는 효과와 현장대응 시 인적·물적 자원의 원활한 배분 및 활용의 효과를 통해 재난 발생 시 신속한 현장지휘체계로 현장에서 작동하는 재난대응체계를 확립 할 수 있다.

3) 효율적 협업 모델

협업은 중앙정부 부처와 중앙정부 소속기관 간, 중앙정부와 지방자치단체 간, 지방자치단체와 그 소속기관이나 산하단체 간, 지방자치단체와 민간부문 간에 이루어 져야 한다. 효율적 협업은 중앙정부, 지방자치단체, 공공기관 간에만 이루어지는 것이 아니라 공공부문과 민간부문 간에 이루어지는 것에 보다 많은 비중을 두어야 한다. 행정안전부를 중심으로 지자체와 전문기관의 효율적 협업 모델로는 그림 4-4를 예시로 들 수 있다.

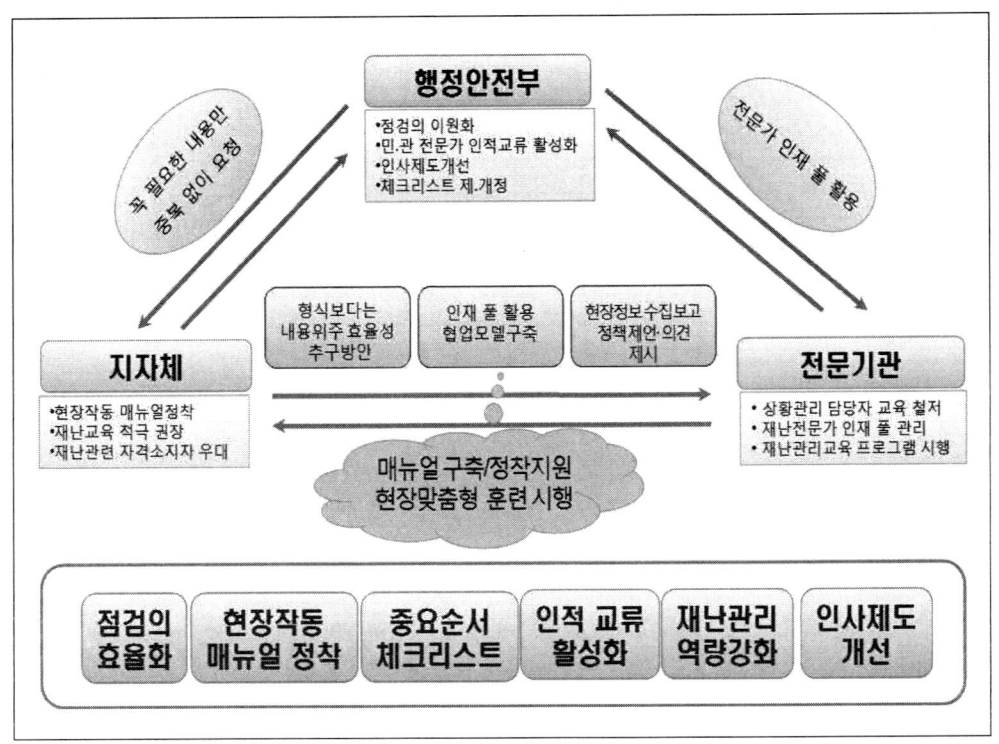

[그림 4-4] 효율적 협업 모델

4) 효율적 협업 모델 적용 시 기대 효과

효율적 협업 모델은 행정안전부 점검의 이원화, 민·관 전문가 인적교류 활성화, 체크리스트 제·개정 등 꼭 필요한 내용만 중복 없이 지자체에 요청하고 전문기관의 전문가 인재풀을 활용하여 협업의 효과를 얻을 수 있다.

지자체는 현장작동매뉴얼 정착과 재난교육을 적극 권장하여 재난관련 자격 소지자를 우대함으로써 협업의 효과성을 얻을 수 있고, 전문기관은 상황관리 담당자를 교육하고 재난관리 교육프로그램을 시행하여 행정안전부와 지자체에 전문가 인재풀을 제공함으로써 매뉴얼을 구축하고 정착 할 수 있도록 지원하고 현장 맞춤형 훈련이 되도록 컨설팅을 시행함으로써 점검의 효율화, 현장작동매뉴얼 정착, 중요순서 체크리스트, 인적교류 활성화, 재난관리 역량강화, 인사제도 개선 등 행정안전부, 지자체, 전문기관 간 협업을 도모함으로써 효율적 재난관리를 할 수 있는 모델이다.

5) 협업체계 모델

협업체계 모델은 내부협업과 외부협업으로 구분되며 모든 국·과·계원의 임무와 역할에 따라 정보소통체계의 점검과 확인을 통해 비상 상황을 연계한 준비가 되어 있어야 한다.

또한 재난유형별 자연재난, 사회재난 및 2차 복합재난을 대비한 재난관리 대응·복구 단계의 ESF 13개 협력기능이 가동 될 수 있도록 협업체계 모델을 구축 하여야 한다.

비정형적 재난 상황 시에도 지역 특성을 고려한 전개상황 인지와 사전지원 필요사항을 도출하여, 대상 협업기관별 작성기준 및 작성방법을 정해 대상시설물 위험성분석, 영향력분석이 될 수 있도록 재난전문 대행자(예: 재난관리사)를 지정하여 협업체계 모델을 제시 한다.

협업체계 모델은 그림 4-5와 같다.

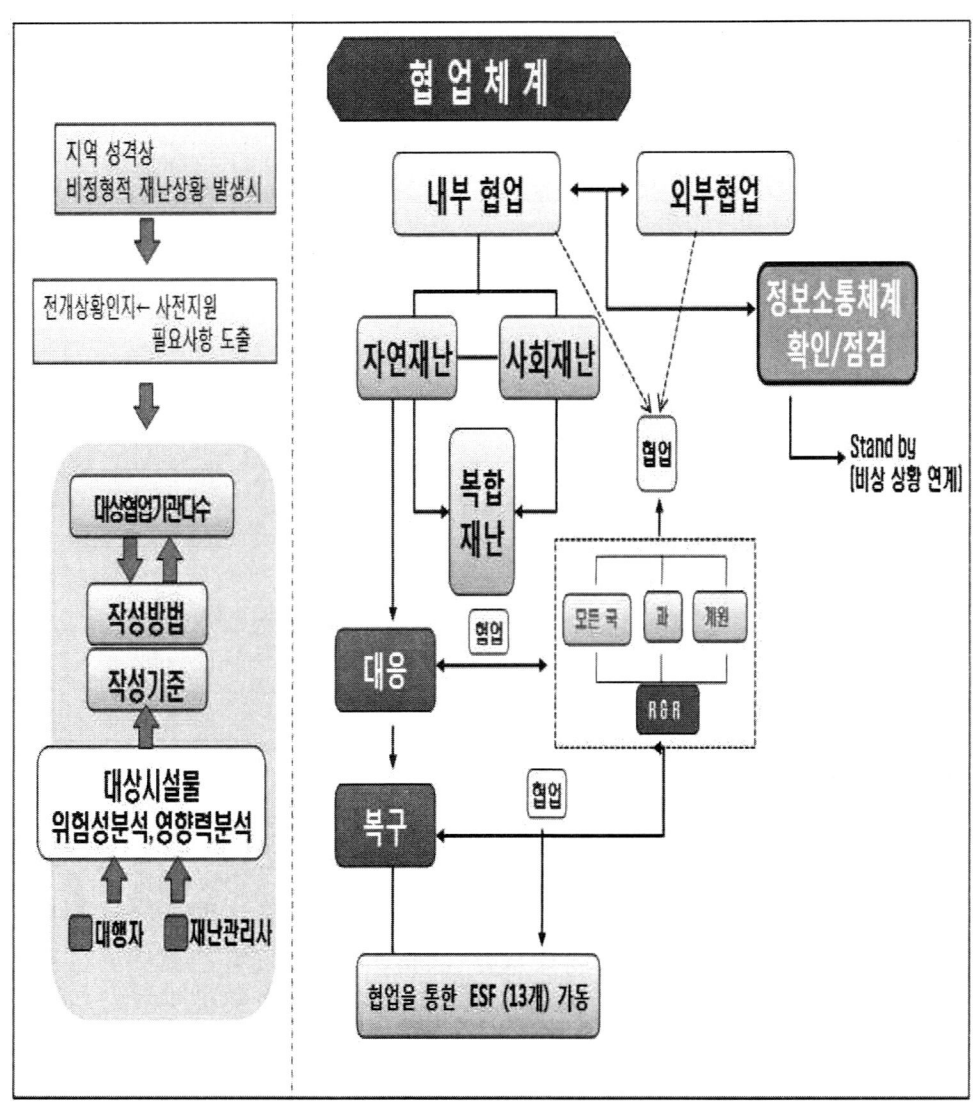

[그림 4-5] 협업체계 모델

6) 협업체계 모델 적용 시 기대 효과

현대 사회에서 재난은 점차 그 유형이 복잡해지고 규모와 빈도가 강한 지역 성격상 비정형적 재난상황이 발생 됨에 따라 단일 조직 및 지방정부 등이 가지는 한정된 물적·인적 자원을 통한 대응에 한계를 가지고 있다. 한정된 자원을 최적으로 활용하기 위해서 다양한 재난대응 기관 간 원활한 내부협업과 외부협업을 통한 협업체계 모델을 적용하면 재난유형별 자연재난, 사회재난 및 2차 복합재난에 대비하는데 기대효과를 얻을 수 있다.

7) 재난 및 안전관리 기본법을 중심으로 민·관 협업 모델

재난 및 안전관리 기본법을 중심으로 BCMS, 업무연속성, COOP 상호 협업 모델을 제시한다.

비즈니스연속성관리시스템(Business Continuity Management System : BCMS)은 비즈니스연속성을 수립, 실행, 운행, 모니터링, 검토, 유지 및 개선하는 전체적 관리시스템의 부분이다.

비즈니스연속성계획(업무연속성: Business Continuity Plan)은 중단적 사고 후 사전 정의된 운영수준으로 대응, 복구, 재개 및 회복하는데 조직에 지침이 되는 문서적 절차이다.

기능연속성 COOP는 비상사태나 재난으로 인한 공공기능의 운영이 중단되었을 때 국가의 핵심적인 기능을 보호, 유지하고 연속 할 수 있는 계획이다.

BCMS, 업무연속성, COOP는 재난 발생 시 조직의 핵심 비즈니스 프로세스를 식별하고 재난으로 인해 핵심 업무가 중단 될 경우 빠른 시간 내 복구가 가능하도록 전략과 계획을 수립하고 이행하는 총체적 활동이라고 할 수 있다.

이에 민·관 기능적 협업을 통해 중앙정부, 지자체, 공공기관의 원활한 협업이 이루어져야 재난 발생 시 피해를 최소화하고 2차 피해의 확산을 예방할 수 있는 재난 및 안전관리 기본법을 중심으로 한 민·관 협업 모델을 그림 4-6과 같이 제시한다.

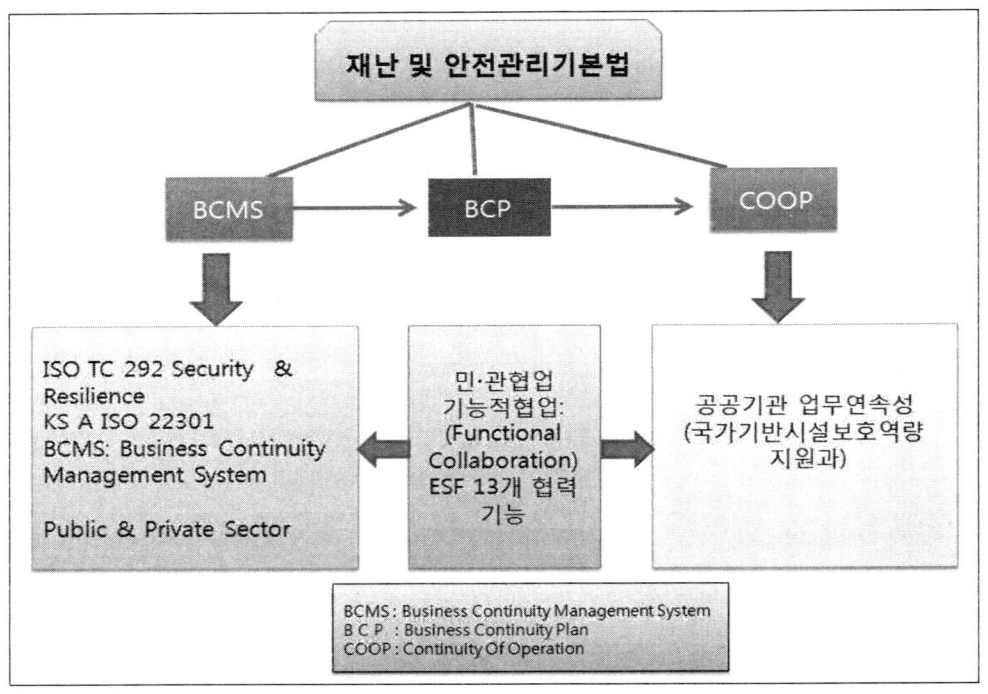

[그림 4-6] 재난 및 안전관리기본법을 중심으로 민·관 협업모델

8) 재난 및 안전관리 기본법을 중심으로 민·관 협업 모델 기대효과

재난 및 안전관리 기본법은 재난유형별 사고수습 담당부처를 중심으로 대응을 하며 현장대응 중심의 ESF 13개 기능의 대응 상황을 공유함으로서 예방·대비 단계의 BCMS, 업무연속성, COOP를 적용하여, 재난유형별 해당기관의 실시간 대응상황을 유관기관 및 지원기관 간 협력의 기준을 마련하고 필요한 자원 지원이 가능한 모델이다.

법적요건을 세분화하는 시행령 기준으로 협업을 정의하는 방법보다는 상시 관리체계에서 재난 및 안전관리 기본법의 요구사항을 확대하는 방안이 될 수 있다.

9) 공공기관 중심 민간단체·책임기관 협업모델

공공기관 중심 민간단체·책임기관 협업모델은 행정안전부 재난관리실을 중심으로 컨트롤 타워 기능을 수행하여 중앙재난안전대책본부, 중앙사고수습본부의 기능적 협업이 이루어져야 한다. 또한 공공기관, 책임기관, 민·관 협업은 공동수행 업무를 중심으로 협업이 원활히 이루어져야 하고 민간기업은 「기업의 자율활동 지원에 관한 법률」에서 지원하는 기업 지원법을 활용하여 효율적 협업이 이루어져야 재난발생 시 즉각적인 대처로 피해를 줄일 수 있다.

그림 4-7은 공공기관 중심 민간단체·책임기관 협업모델이다.

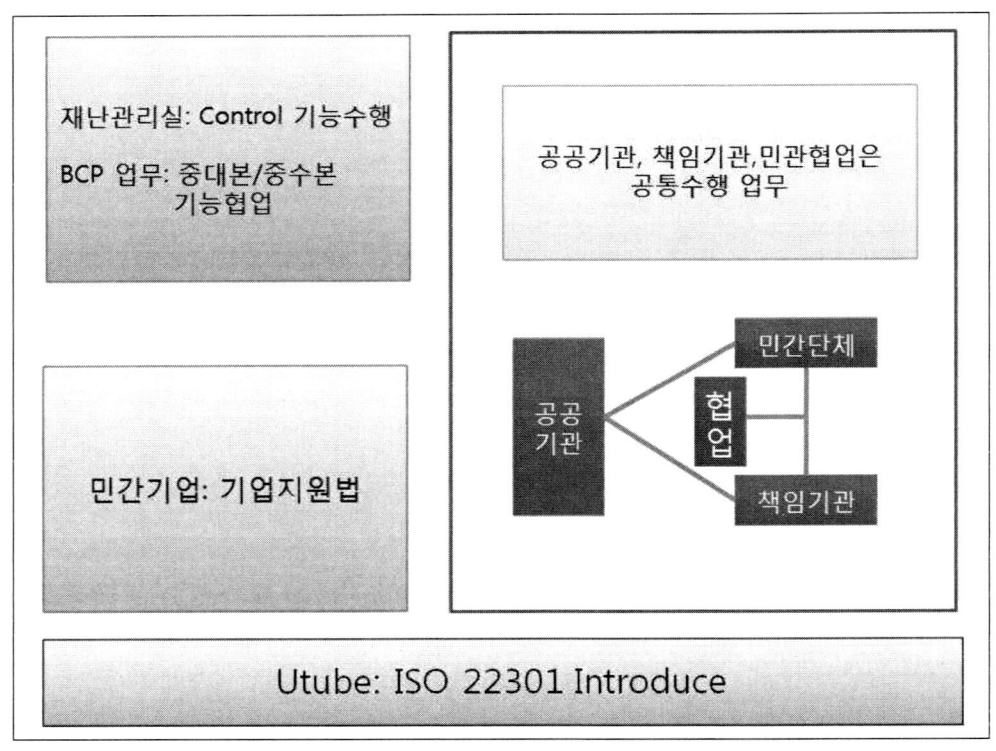

[그림 4-7] 공공기관 중심 민간단체·책임기관 협업모델

10) 공공기관 중심 민간단체·책임기관 협업모델 기대효과

공공기관 중심의 재난대응의 효과성을 검증하기는 쉽지 않다. 공공·민간 간 공동수행을 통한 원활한 협업을 이루어질 때 시너지 향상을 기대 할 수 있다.

3. 재난유형 AI 사례 협업모델 적용

1) AI 발생 시 협업모델 체계

AI 발생 시 협업모델 체계는 AI 사건이 발생되면 초동대응, 긴급대응, 수습본부, 대응·복구에서 상시정보체계 구축을 통해 상호 정보교환이 이루어져야 한다.

초동대응은 환경부에서 양성 판단이 되면 농림축산식품부와 질병관리본부, 행정안전부 중앙재난안전대책본부를 중심으로 대응이 필요하다.

긴급대응은 농림축산식품부와 기초자치단체, 유관기관, 협력체계 13개 기능에 따라 기능별 협력기관 민간단체와 기업의 협력이 필요하고 병·의원, 검역소 기관, 동물병원, 장비보유자, 자원봉사자, 군부대, 방역인력보유자, 정보공유(가축방역협의회) 및 매몰지 선정회의 등 대응이 필요하다.

수습본부인 질병관리본부는 지자체와 공조하여 검역활동 소독을 실시하고, 기초자치단체는 광역지원을 요청하고, 국토부 광역운송체계관리에 따라 대응을 해야 한다.

대응·복구는 대규모 상황이 발생하면 행정안전부 중앙재난안전대책본부를 중심으로 대응과 복구가 이루어져야 한다.

상황 정보 공유는 그림 4-8과 같이 환경부, 농림축산식품부, 질병관리본부, 행정안전부, 기초자치단체의 상시 상황 정보 공유 체계 구축이 필요하다.

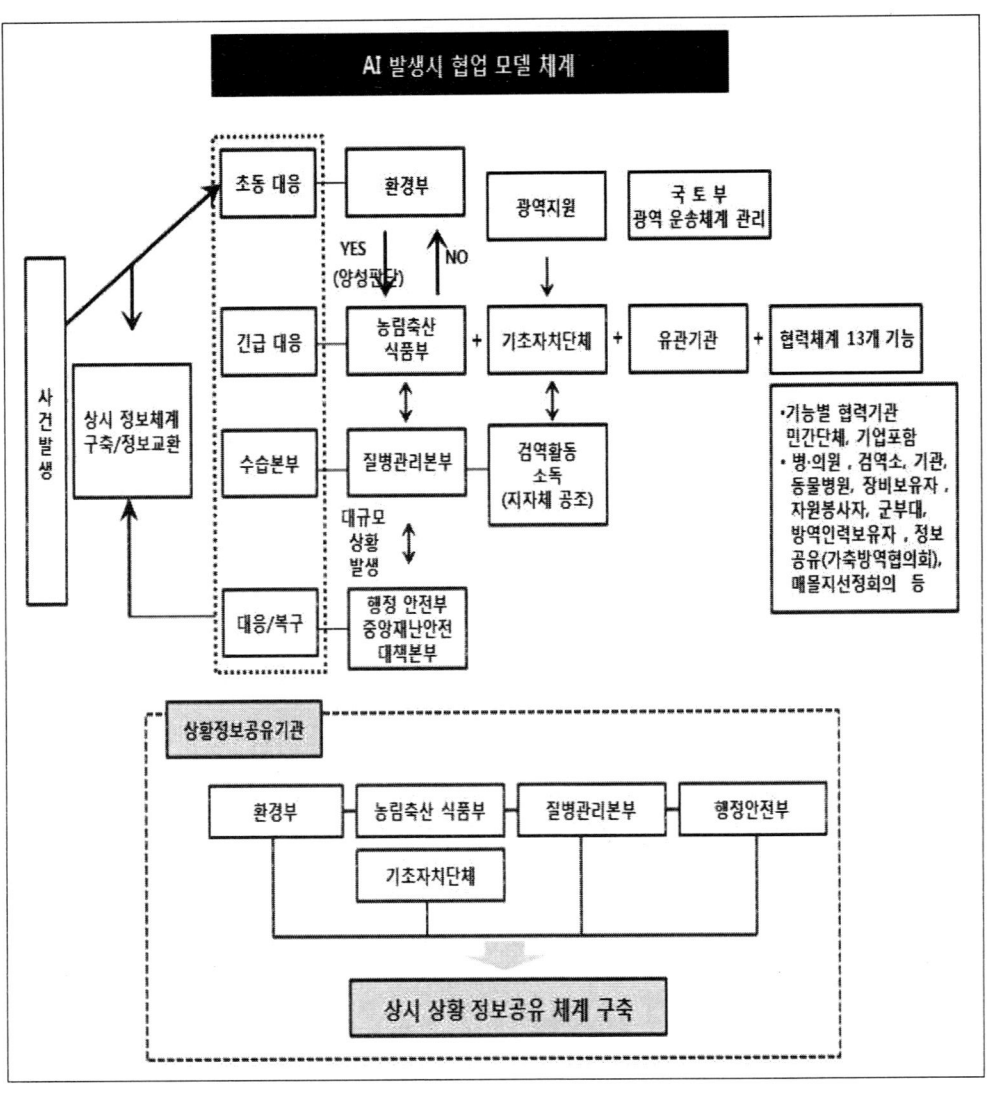

[그림 4-8] AI 발생 시 협업모델 체계

2) AI 발생 시 협업모델 체계 기대 효과

매년 초겨울 철새이동으로 발생하는 AI는 현재 부처·기관별 발생시점과 규모에 따라 대응하는 기관이 다르다. AI 발생에 따른 협업모델은 상황정보에 대한 공유기관 간 정보의 소통에 있다.

환경부, 농림축산식품부, 지자체(보건소), 질병관리본부, 행정안전부가 시차적 대응에서 통합적 상황정보공유체계를 구축하여 AI 발생 현장을 중심으로 일어나는 정보를 공유하고 지원·점검해야 될 사항들을 동시에 관리하는 모델을 제시한다.

현재 대응을 위한 13개 협력조직이 AI 발생 시 기능별 협력기관, 민간단체, 기업과 병·의원, 동물병원 뿐만 아니라 매몰지 선정, 장비보유업체, 자원봉사자, 지역향토사단과 가축방역협의회와 정보공유를 통한 초동대응의 효과성을 기대 할 수 있다.

AI 발생 시 연계조직의 임무와 역할, 대응순서를 숙지하고 일사불란한 협업체계를 구축함으로서 효과적 협업을 통한 피해를 최소화 할 수 있는 기대 효과이다.

3) 재난유형 감염병 인과지도(예시)

재난위험을 예측하기 위하여 정보를 수집하여 분석하고 상황을 측정하여 최적의 대안을 수립하며 의사결정을 신속히 처리함으로서 피해를 최소화 하게 된다. 실제 재난위험 현상을 예측하는 도구로서 그림 4-9와 같은 인과지도를 활용하여 분석하는 것은 재난의 발생원인과 결과를 파악하는 일에 매우 유용하다.

신종플루가 최초 발생하였을 때 중앙대책본부에서는 이와 관련된 재난대응활동에 필요한 업무절차와 방법이 미흡하였으며 신종플루가 지속적으로 확산되어 중앙재난안전대책본부가 무슨 업무를 어떻게 처리하여야 하는지 모르는 현상도 발생하였다.

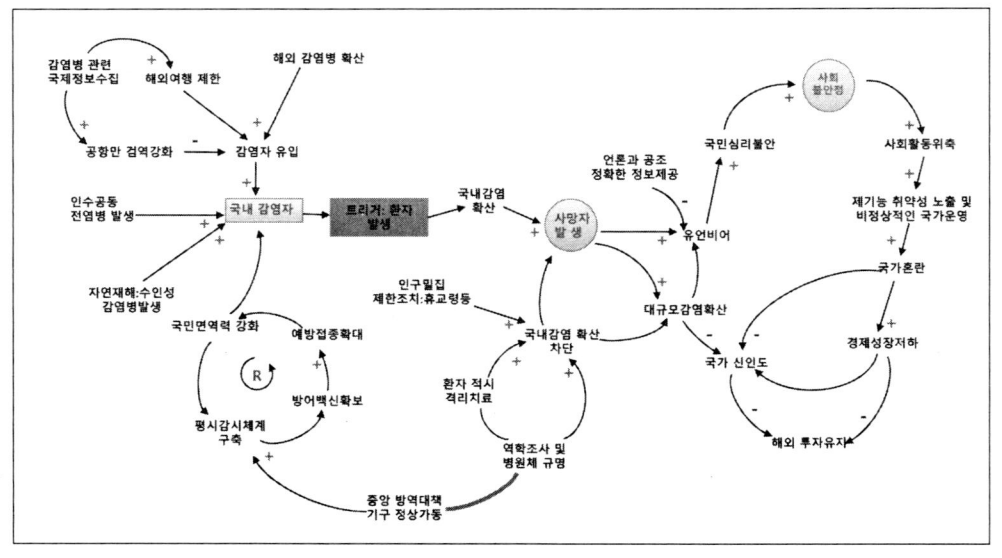

[그림 4-9] 감염병 인과지도(예시)

4. 재난유형별 상황전개 협업 방법론

특성요인도법 Fishbone Diagram을 활용해서 재난유형 태풍, 지진 시나리오를 활용한 시간대별 협업을 정리한다.

1) 특성요인도법

특성요인도법은 문제 해결을 위해 원인들을 규명하는데 도움이 되는 기법으로 도표의 구조가 그림 4-10과 같이 물고기 뼈를 닮아 Fishbone Diagram이라 불리며 카오루 이시카와의 이름을 따서 이시카와 다이어그램이라 불린다.

Fishbone에서 문제 상황은 생선머리에 해당하며, 뼈와 가시에 해당하는 부분이 각 원인 들이 된다.

Fishbone Diagram은 문제가 커다란 가시를 이루고, 해결 또는 원인, 영향 등이 가시에 살처럼 붙어있는 형상이다. 원인과 결과를 확인하기 위한 용도, 프로세스 초기 단계에 있는 문제점들을 파악하기 위해서 사용되기도 한다.

재난상황을 고려한 최악의 시나리오를 가정하여 가시들로 분류하고 브레인 스토밍하여 원인과 결과를 밝혀 나가다 보면 문제를 야기하는 원인과 변수들을 규명 할 수 있다.

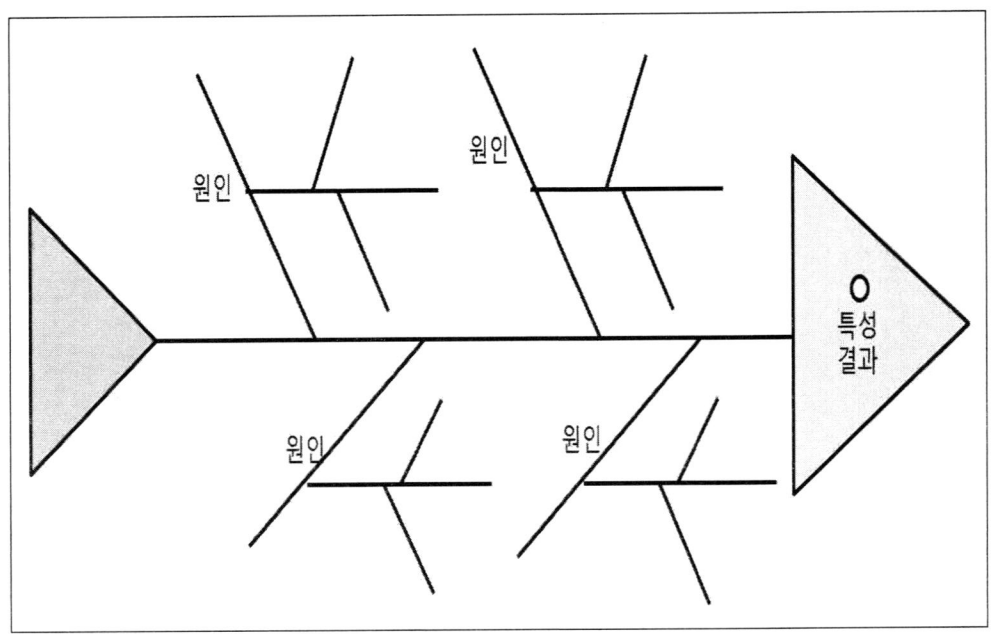

[그림 4-10] 피시본 다이어그램

2) Fishbone Diagram 태풍 상황전개 시나리오

태풍의 영향으로 풍속 32m/s, 시간당 120mm 강수량으로 강풍과 폭우를 동반한 태풍의 영향으로 공장이 침수되고 조립라인 천장패널 파손과 누수에 의해 화재가 발생한 상황을 가정한 태풍 상황전개 시나리오는 그림 4-11과 같다.

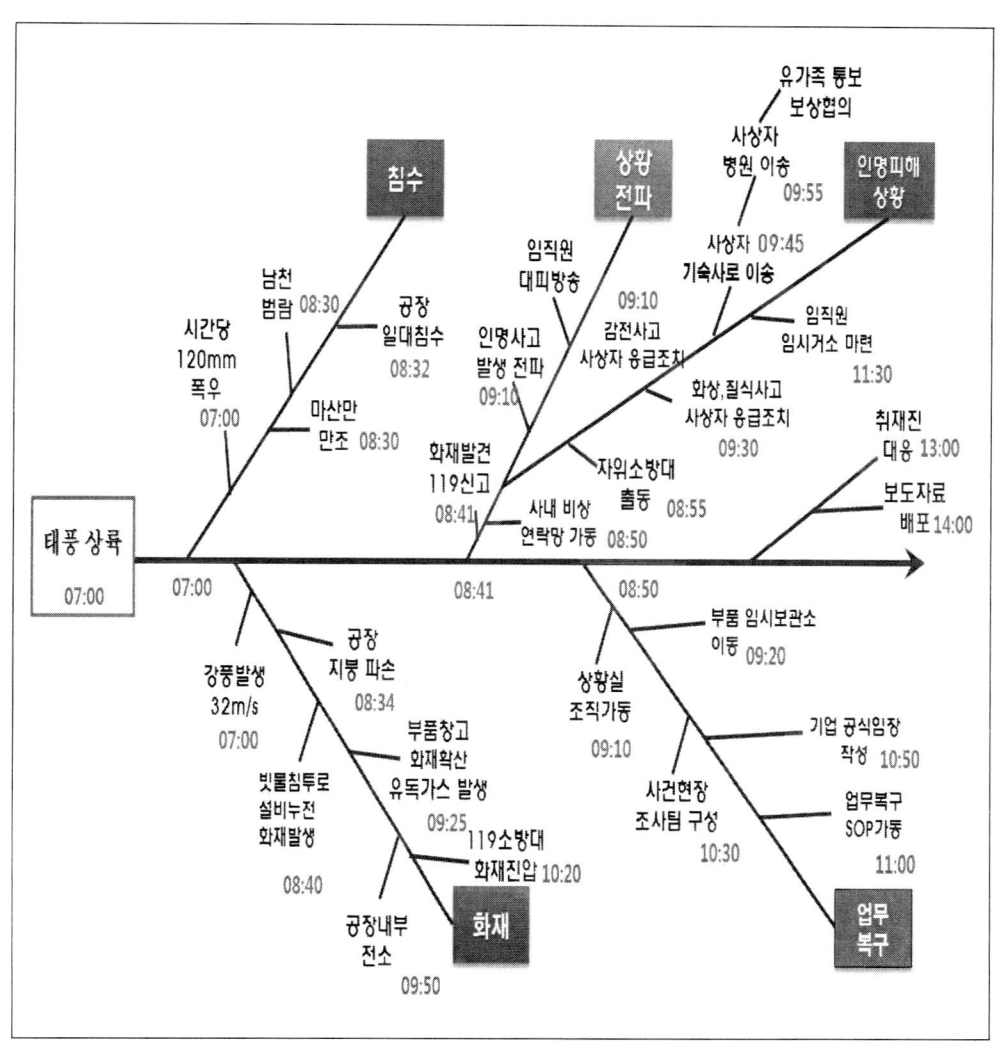

[그림 4-11] 태풍 상황전개 시나리오

제 2 절 협력

협력의 사전적 정의는 '힘을 합하여 서로 도움'으로 영어표기는 Cooperation이다.

KS A ISO 22320: 2014 사회안전-긴급사태관리-사고대응 요구사항의 협력의 정의는 협약에 입각해서 공통의 이해와 가치를 위하여 함께 일하고 행동하는 프로세스로 되어있다.

1. 상호협력기능

재난유형에 관계없이 필수적으로 작동되어야 할 13개 공통기능을 도출하여 각각의 공통기능과 그 기능의 주관기관과 지원기관이 정해져 있는 데로 재난대응의 표준행동 절차서를 작성하여 관련 기관·단체(민간부문 포함)간 사전협의를 거쳐 MOU를 체결하여 이행력을 확보하고, 중앙부처-지방자치단체간의 효율적인 협업체계를 통해 국가의 재난 대응 역량을 극대화하고 재난대응에 필요한 자원(인적·물적)을 효율적이고 체계적으로 활용하여 국민의 생명과 재산의 피해를 최소화하기 위함이다. 재난관리 13개 협력기능은 다음의 표 8과 같다.

재난관리 13개 협력기능	
협력기능	주 요 업 무
① 재난상황관리	다수기관 수행하는 전반적 재난관리 활동 지원·조정
② 긴급생활 안정지원	재난발생지역 세제·금융지원, 전기·통신료 감면
③ 긴급통신지원	긴급구조기관, 구조지원기관간 정보통신체계 운영
④ 시설피해의 응급복구	피해시설 응급복구
⑤ 에너지 공급 피해시설 복구	전기, 가스, 유류 등 피해시설 기능회복 지원
⑥ 재난관리자원지원	방재자원 공동활용체계 구축을 통한 신속한 자원 배분
⑦ 교통대책	교통통제 및 도로 긴급 복구 실시, 대체 교통수단 확보
⑧ 의료 및 방역 서비스 지원	재난현장 응급 의료지원팀 지원, 감염병 방역체계 준비
⑨ 재난현장 환경정비	육상·해상 환경오염 물질 수거·처리 지원
⑩ 자원봉사자 지원 및 관리	자원봉사 활동 상황 관리
⑪ 사회질서유지	재해 지역 범죄예방 및 치안 유지
⑫ 재난지역 수색, 구조구급 지원	인명구조 대피 지원 및 계획 수립
⑬ 재난수습홍보	재난 대처 관련 각종 정보 배포·조정

[표 8] 재난관리 13개 협력기능

2. 상호협력체계

상호협력체계는 그림 4-12와 같이 시·군·구에서부터 시·도·중앙으로 이어지는 수직적 지원 체계와 시군구와 시·도·중앙 차원에서 각 지원기관(공공 및 민간 포함)과의 협력체계를 중심으로 이루어진다.

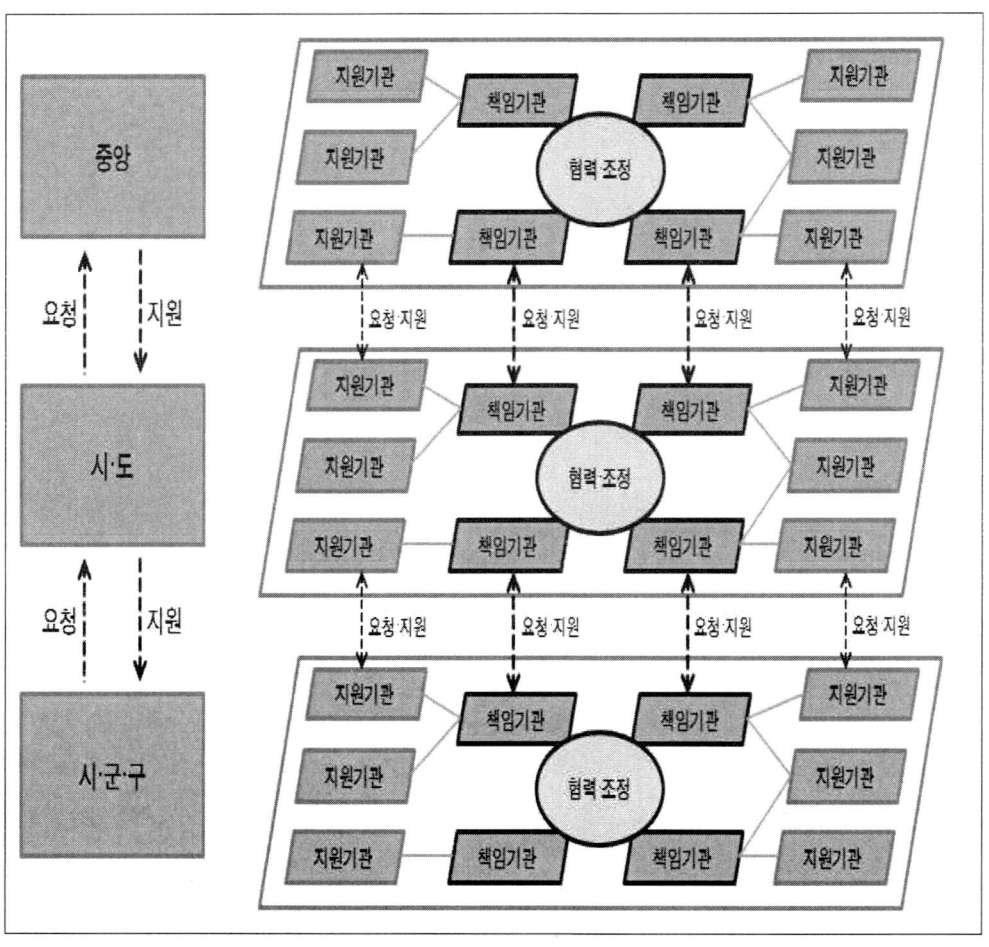

[그림 4-12] 상호협력 체계

1) 중앙 단위

대규모 재난에 대응하기 위해 중앙행정기관 및 유관기관 상호협력 체계로 태풍으로 인해 인명 피해와 재산 손실이 발생한 경우를 들 수 있다.

2) 시·도 단위

광역 혹은 기초 자치단체 차원에서 자치단체 및 유관기관 간 상호 협력 체계로 특정 지역에서 발생한 조류독감이 발생한 경우를 들 수 있다.

3) 시·군·구 단위

실제 재난현장에서 재난대응을 담당하는 기관으로 시·군·구 지역을 담당하는 소방서, 경찰서, 군부대, 공공기관, 협회, 단체 등 민간기관과의 협력체계와 특정 지역에 화재 및 건물 붕괴 사고가 발생하면 긴급구조를 위해 구축되는 체계를 들 수 있다.

제 5 장 RM (Risk Management)

제 5 장 RM (Risk Management)

제 1 절 개요

모든 회사는 불확실성에 직면해 있으므로 경영상의 과제는 투자자의 가치를 증가시키기 위해 수용할 수 있는 불확실성의 정도를 결정하는 것이다. 리스크 관리는 경영자가 불확실성에 직면해 있는 상황에서 리스크를 식별, 평가, 관리할 수 있게 하며, 기업의 가치 창출과 보존에 필수 불가결한 프로세스이다, 한편, 리스크 관리는 이사회, 경영자 및 다른 모든 구성원들에 의해 전략수립과 기업 전반에 적용되는 프로세스이다.

즉, 기업에 영향을 줄 수 있는 잠재적 사건을 식별하고 기업의 목표 달성에 관한 합리적인 확신을 제공하면서 리스크를 기업의 선호도 내에 있도록 관리하는 것이다. 리스크 관리는 여덟 가지의 상호 관련성이 있는 요소들로 구성되어 있는데, 이 구성 요소들은 경영자가 기업을 경영하기 위해 없어서는 안 되는 것들이다. 구성 요소들은 상호 연관성이 있고, 리스크 관리가 효과적인지를 결정하는 기준이 된다.

리스크 관리의 핵심 목표는 사업부나 기업의 경영자가 회사 목표를 달성하는 데 있어 리스크를 보다 잘 관리하도록 돕는 것이다. 그렇지만 리스크 관리는 다양한 이름과 의미를 가지고 있어서 각 개인마다 서로 다른 개념으로 이해하게 된다. 따라서 다양한 리스크 관리 개념을 공통의 정의로 규정하고, 구성 요소를 결정하며 핵심 개념을 설명할 수 있도록 통합하는 것이 중요하다. 이 내용은 개별 기업의 평가와 리스크 관리의 향상뿐 아니라 향후 정책 입안과 교육을 위해 여러 관점을 통합한 하나의 출발점을 제공한다.

리스크 관리의 기본적인 전제는, 영리기업뿐만 아니라 비영리 기업 혹은 행정기관 등 모든 주체는 이해관계자에게 가치를 제공하기 위해 존재한다는 것이다. 모든 기업은 불확실성에 직면해 있으므로 경영상의 과제는 기업이 이해관계자의 가치를 증가시키기 위해 수용할 수 있는 불확실성의 정도를 결정하는 것이다. 여기서 불확실성은 잠재적으로 기업 가치를 감소시키거나 증가시킬 수 있는 리스크와 기회 모두를 의미한다. 결국 리스크 관리는 경영자가 불확실성과 관련된 리스크와 기회를 효과적으로 다룸으로써 기업의 가치 수립 능력을 향상 시킬 수 있게 해준다.

기업은 세계화, 과학기술, 리스트럭처링(restructuring), 시장변화, 경쟁, 규제와 같은 요소로 인해 불확실성이 증가하는 환경에서 운영되고 있다. 불확실성은 사건의 발생 가능성 및 그로 인한 영향을 정확히 결정할 수 없기 때문에 발생한다. 한편 불확실성은 기업의 전략적 선택으로 창출되기도 한다. 예를 들면, 한 기업이 해외로 사업을 확장하는 성장 전략을 세운다면 이 전략은 그 나라의 정치 환경·자원·시장 유통 경로·노동 인구의 능력·비용의 안정성 등으로부터 기회와 리스크를 동시에 가져온다.

기업의 가치는 전략을 수립하는 것으로부터 시작하여 매일 기업이 운영되기 위해 모든 영역에서 행해지는 경영의사결정에 의해 창출, 보존되거나 감소된다. 예를 들면 인력, 자본, 기술 및 브랜드와 같은 자원을 적절히 배치하는 것을 통해 얻은 가치가 이를 얻기 위해 사용된 자원을 초과할 때 가치가 창출된다. 한편, 가치 보존은 창출된 가치가 우수한 제품 품질·생산능력·고객 만족과 같은 다른 요소들 속에서 유지될 때 이루어진다. 반면에 기업의 가치는 잘못된 전략을 세우거나 이행하여 기업의 목표가 달성되지 않을 때 감소 될 수 있다. 의사결정의 기본은 기회와 리스크를 식별하는 것인데 이를 위해서는 경영자가 내·외부 환경에 대한 정보를 고려하여 정확한 자원을 배치하며 변화하는 환경에 대해 활동을 재조정하는 것이 요구된다.

일반적으로 알려진 리스크 관리(Risk Management) 분야의 국제적인 표준은 다음과 같다.

- 호주, 뉴질랜드 : AS/NZS 4360: 2004 Risk Management
- 미국 : Enterprise Risk Management-Integrated Framework(COSO)
- 캐나다 : Canada Risk Management Guideline CAN/CSA-Q850
- 영국 : BS-6079-3
- 일본 : JISQ 2001 Risk Management

1. 리스크 관리의 정의

리스크 관리는 가치를 창출하거나 보존하기 위해 리스크와 기회를 다룬다. 이는 다음과 같이 정의된다.

리스크 관리는 회사목표 달성에 대한 합리적인 확신을 제공하기 위해 이사회, 경영자 그리고 모든 직원에 의해 만들어지며, 전략 수립과 기업전반에 적용되며, 회사에 영향을 주는 잠재적 리스크를 식별하고 해당 리스크를 리스크 선호도 내에서 관리하기 위해 설계된 프로세스이다.

위의 정의는 다음과 같은 기본적 개념을 반영한다.
전사적 리스크 관리는

- 회사 전체적으로 계속적으로 진행되고 있는 프로세스이다.
- 조직의 모든 계층에 속한 사람들에 의해 만들어진다.
- 전략 수립에 적용된다.
- 모든 계층과 구성 단위를 통한 기업 전반에 적용되고, 전사 차원에서의 리스크 포트폴리오(portfolio) 관점을 포함한다.
- 발생시 회사에 영향을 미치는 잠재적 사건을 식별하고, 리스크 선호도 내에서 리스크를 관리하도록 설계되어 있다.
- 회사 경영자와 이사회에 합리적인 확신을 제공할 수 있다
- 상호 연관성 있는 다양한 범주에서 목표달성이 가능토록 설계되어 있다.

이는 목표에 도달하기 위한 수단일 뿐, 목표 그 자체는 아니다.

위의 정의는 몇 가지 이유로 인해 광범위하게 정의되었다. 이 정의는 조직, 산업 및 각 분야에서 전반적으로 적용 가능한 원리를 제공하면서, 회사 또는 다른 조직이 리스크를 다루는 방법에 대한 기본적인 핵심 개념을 포함하고 있다. 그리고 특정 회사의 목표 달성에 직접적으로 초점을 맞추고 있다. 또한 뒤에서 언급하는 리스크 관리의 효과성을 정의하기 위한 기본 토대를 제공한다. 위에서 약술한 기본적인 개념들은 다음 단락에서 차례로 언급된다.

2. 프로세스

리스크 관리는 고정된 것이 아니라 지속적이고 반복적인 기업 내 활동 들 간의 상호작용에서 비롯된다.

이 활동들은 고유한 특성을 가지고 있으며 경영자의 경영 형태를 통해 구현된다. 사적 리스크 관리를 회사의 활동에 부가된 요소라고 보는 관점은 그리 적절하지 않다. 따라서 효과적으로 리스크를 관리하기 위해서는 추가적인 노력이 필요할 수도 있다. 예를 들어 신용 리스크와 통화 리스크 측정만을 상정하더라도, 필요한 모델을 개발하고 분석하며 계산하기 위해 부가적인 노력이 필요할 것이다.

리스크 관리 메커니즘은 기업의 운영 활동과 합쳐져 짝을 이루며 기본적인 경영 목적을 위해 존재한다. 전사적 리스크 관리는 이러한 메커니즘이 기업의 하부조직 속에 정립되고 기업 본질의 한 부분을 이룰 때 가장 효과적이 된다.

그러므로 전사적 리스크 관리를 도입함으로써 기업은 그들의 업무 수행력과 전략을 향상시킬 수 있다.

전사적 리스크 관리를 수립한다는 것은, 특히 많은 기업이 직면하고 있는 치열한 시장 경쟁 하에서, 비용 절감에 대한 중요한 암시가 된다. 기존의 방식과는 무관한 새로운 방식을 적용하면 비용도 증가한다. 따라서 기존의 운영시스템과 리스크 관리의 효과성 정도를 타진하고 운영활동에 리스크 관리 활동을 통합시킴으로써 기업은 불필요한 절차나 비용을 회피할 수 있다. 또한, 리스크 관리를 운영 기구의 일부로 만든다면 경영자는 사업을 성장시킬 수 있는 새로운 기회를 식별할 수 있게 된다.

3. 목표 달성

회사가 수립한 미션 하에서 경영자는 전략적 목표를 수립하고, 전략을 선택하며 해당 전략과 정렬·연계되고 회사 전반에 걸쳐 단계적으로 수행될 세부 목표를 설정한다. 많은 목표들은 특별한 회사에만 해당되지만, 어떠한 목표들은 많은 기업에서 광범위하게 공유되기도 한다. 예를 들면, 대부분의 기업에 존재하는 공통된 목표는 이해관계자에게 사업에 관한 믿을 만한 보고를 제공하고, 기업 운영 시 법규화 규제를 준수하여 긍정적인 평판을 유지하는 것이다.

일반적인 회사 목표를 네 가지 범주로 설정한다.

- 전략 – 회사의 미션과 정렬되어 있는 가장 높은 수준의 목표
- 운영 – 회사의 자원을 효과적이고 효율적으로 사용하는 목표
- 보고 – 보고의 신뢰성을 갖는 목표
- 준수 – 회사에 적용되는 법과 규제준수의 목표

회사 목표의 이러한 범주화는 리스크 관리가 구분되어 있는 각 측면에 초점을 맞출 수 있게 한다. 이와 같이 구분되지만 일부분 겹쳐있는 범주들은-특정 목표는 한 가지 이상의 범주에 속할 수 있다-회사의 서로 다른 필요사항을 설명하고, 해당 경영진이 직접적인 책임을 져야 함을 암시한다. 또한 범주화는 각각의 목표 범주에서 기대될 수 있는 것들이 서로 구별되도록 한다.

일부 회사들은 다른 범주들과 중복되는 "자원의 보호(safeguarding of resources)" – "자산의 보호(safeguarding of assets)"로 언급되기도 함-를 또 하나의 목표의 범주로 사용한다. 넓은 관점에서 보면 자산의 보호는 회사 자산 또는 자원의 손실을 예방하는 것을 의미한다. 이러한 손실은 도난, 낭비, 비효율성을 통해 발생하거나 잘못된 의사결정(덤핑 판매, 핵심 직원의 이탈 방지 실패, 특허권 침해, 예상치 못한 채무 발생 등)에 의해 발생한다. 이러한 것들은 일차적으로 운영 목표이지만 자원 보호의 특정한 측면에 따라 다른 범주에 속할 수도 있다. 법과 규제적 요구사항이 적용되는 곳에서는 이러한 것들은 준수 목표가 된다. 외부 보고와 관련하여 자산 보호의 좁은 의미가 사용되는데, 재무제표에 중대한 영향을 미칠 수 있는 허가받지 않은 자산의 취득·사용 처분을 예방하고 즉각 탐지하는 것을 다룬다.

전사적 리스크 관리는 보고의 신뢰성 및 법과 규제의 준수라는 목표 달성에 합리적인 확신을 제공할 수 있다. 이러한 목표 범주의 달성은 회사의 통제 내에 있는데 회사의 관련 활동이 얼마나 잘 수행되는지에 따라 결정된다.

그러나 특정 시장 점유율과 같은 전략적인 목표의 달성 혹은 새로운 제품 라인을 성공적으로 형성하는 것과 같은 운영목표는 항상 기업의 통제 안에 있는 것이 아니다.

리스크 관리는 잘못된 판단이나 결정 또는 운영 목표를 달성하지 못하게 하는 외부 사건까지 막아주지는 못한다. 그러나 경영자가 더 나은 의사결정을 할 수 있는 가능성을 증가시켜 준다. 즉, 리스크 관리는 경영자와 감독 책임이 있는 이사회가 기업이 목표 달성을 위해 어느 수준으로 잘 운영되고 있는지를 적절한 시기에 인식할 수 있도록 하여, 합리적인 확신을 갖도록 해준다.

4. 리스크 관리의 구성 요소

리스크 관리는 여덟 가지의 상호 연관되는 요소로 구성되어 있다. 이 요소들은 경영자가 기업을 운영하는 방법에서 비롯되었으며 경영 프로세스로 통합된다. 이러한 구성 요소들은 그림 5-1과 같다.

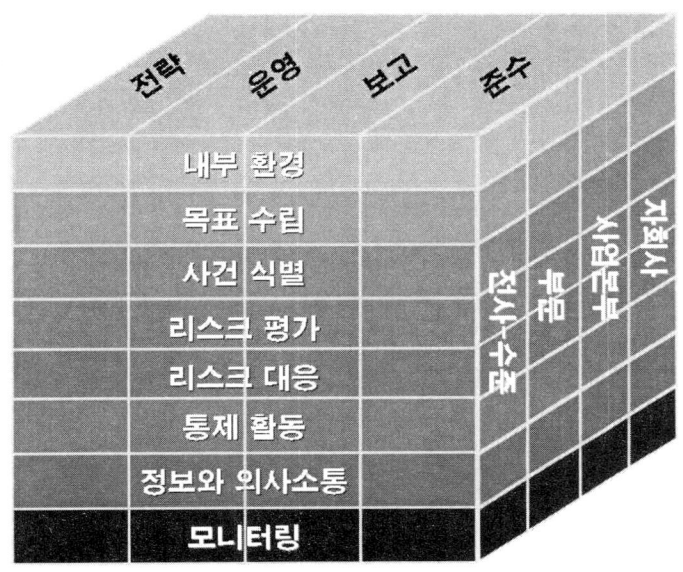

[그림 5-1] 리스크 관리의 구성 요소

- 내부 환경(Internal Environment) : 경영자는 리스크 철학을 정립하고 리스크 선호도를 결정한다. 내부 환경은 회사 조직원이 리스크와 통제를 검토하고 다루는 방법의 토대를 이룬다. 비즈니스의 핵심은 그것을 수행하는 사람 즉, 도덕성, 윤리가치, 능력을 포함하는 개인의 특성과 환경이다.

- 목표 수립(Objective Setting) : 목표는 경영자가 목표 달성에 영향을 미치는 잠재적 사건들을 식별하기 전에 존재해야 한다. 리스크 관리는 경영자가 목표를 수립하는 프로세스를 제대로 가지고 있고, 선택된 목표가 회사의 미션을 지원하고 미션과 정렬되어 있으며 리스크 선호도 내에 있음을 보증한다.

- 사건 식별(Event Identification) : 회사에 영향을 미칠 수 있는 잠재적 사건들이 식별되어야만 한다. 사건 식별은 목표 달성에 영향을 줄 수 있는 내부나 외부의 원천으로부터 잠재적 리스크를 식별하는 것을 의미한다. 목표에 긍정적인 사건은 기회, 부정적인 사건은 리스크라고 정의한다. 식별된 기회는 경영자의 전략 또는 목표수립 프로세스로 전달되어 다시 고려된다.

- 리스크 평가(Risk Assessment) : 식별된 리스크들은 그것들이 어떻게 관리되어야만 하는지를 결정하기 위한 토대를 형성하기 위해 분석된다. 리스크는 영향을 받을 수 있는 목표와 관련되어 있는데, 리스크는 발생가능성과 영향도를 고려하는 평가 기법으로, 고유 리스크와 잔여리스크에 대해 평가가 수행된다.

- 리스크 대응(Risk Response) : 모든 조직 구성원은 회피, 수용, 감소, 공유를 포함하는 가능한 리스크 대응 방안을 식별하고 평가한다. 경영자는 발견된 리스크들을 회사의 리스크 허용한도와 리스크 선호도내에 있게 하기 위한 실행 계획을 선택한다.

- 통제 활동(Control Activity) : 정책과 절차가 리스크 대응이 효과적으로 수행된다는 것을 보증하기 위해 수립되고 수행된다.

- 정보와 의사소통(Information & Communication) : 관련 정보는 조직 구성원이 적절하게 자신의 책임을 수행할 수 있도록 정해진 시간 내에 적절한 형태로 인식, 파악, 의사소통 된다. 정보는 리스크를 식별, 평가, 대응하기 위해서 회사의 모든 계층에서 필요로 한다. 효과적인 의사소통은 조직의 상하좌우로 순환한다. 모든 조직 구성원은 자신의 역할과 책임을 명확하게 부여 받는다.

- 모니터링(Monitoring) : 리스크 관리의 모든 것은 모니터링되며 필요에 따라 수정된다. 이에 따라 리스크 관리는 상황이 변할 때마다 역동적으로 반응할 수 있게 된다. 모니터링은 상시 모니터링, 독립 평가 또는 두 가지의 조합으로 수행된다.

리스크 관리는 역동적인 프로세스이다. 예를 들면, 리스크 평가는 리스크 대응을 유도하고, 통제활동에 영향을 주며 정보와 의사소통이나 기업의 모니터링 활동의 재고를 요구하기도 한다. 따라서 리스크 관리는 한 구성 요소가 오직 그 다음 요소에만 영향을 주는 순차적인 프로세스는 아니다. 대부분의 구성 요소가 서로 다른 구성 요소에 영향을 줄 수 있고 실제로 영향을 주고 있는 다각적이고 반복적인 프로세스이다.

한편, 서로 다른 기업에 대해 동일한 리스크 관리 방법을 적용해야만 하는 경우는 실제 존재하지 않는다. 각 기업의 리스크 관리는 해당 기업이 속해 있는 산업과 기업의 규모, 그리고 경영 철학과 문화에 의해 역동적으로 달라지기 때문이다. 따라서, 기업이 각각의 구성요소를 적소에 배치하고 효과적으로 운영할 때, 한 기업의 리스크 관리적용 방법 즉, 역할과 책임의 부여 및 사용된 도구와 기법이 포함된 다른 기업의 방법과는 매우 다른 특징을 보일 것이다.

5. 리스크 관리와 경영 프로세스

리스크 관리는 경영 프로세스의 일부이기 때문에, 리스크 관리의 구성요소는 경영자가 사업이나 기업체를 경영하는 것과 연관되어 언급될 수 있다. 그러나 경영자의 모든 행위가 리스크 관리의 일부는 아니다. 그러나 경영자의 의사결정과 관련 경영 활동에 적응된 많은 판단은 경영 프로세스의 일부이지만 리스크 관리의 일부는 아니다.

예를 들면
- 목표 수립을 위한 적절한 프로세스가 존재한다는 것에 대한 확신은 리스크 관리에 있어 중요한 구성 요소이지만, 경영자가 선택한 특정 목표는 리스크 관리의 일부가 아니다.

- 리스크에 대한 적절한 평가에 기반을 둔 리스크 대응은 리스크 관리의 일부분이지만, 선별된 특정 리스크 대응과 이에 따른 기업 자원의 배치는 리스크 관리의 일부가 아니다.

- 경영자가 선택한 리스크 대응의 효과성을 확신하게 해주는 통제 활동을 수행하는 것은 리스크 관리의 일부분이지만, 선택된 특정 통제 활동은 리스크 관리의 일부분이 아니다.

일반적으로, 리스크 관리는 경영자가 리스크 기반 의사결정을 할 수 있도록 하는 일련의 경영 프로세스를 포함하는 반면, 상황별로 선택된 특정 의사결정들로 리스크 관리가 효과적인지를 판단하지는 않는다. 그러나 선택된 특정 목표·리스크 대응·통제 활동이 경영상 판단의 문제이기는 하나, 선택된 대안이 회사 목표의 달성과 관련하여 리스크 선호도와 합리적 확신에 의해 결정되어, 리스크를 허용 가능 수준까지 낮추어야 한다.

6. 리스크 관리 체계

리스크 관리 체계를 구축하기 위한 계획은 그림 5-2와 같이 다양하지만 대부분 공통적인 부분을 지니고 있다.

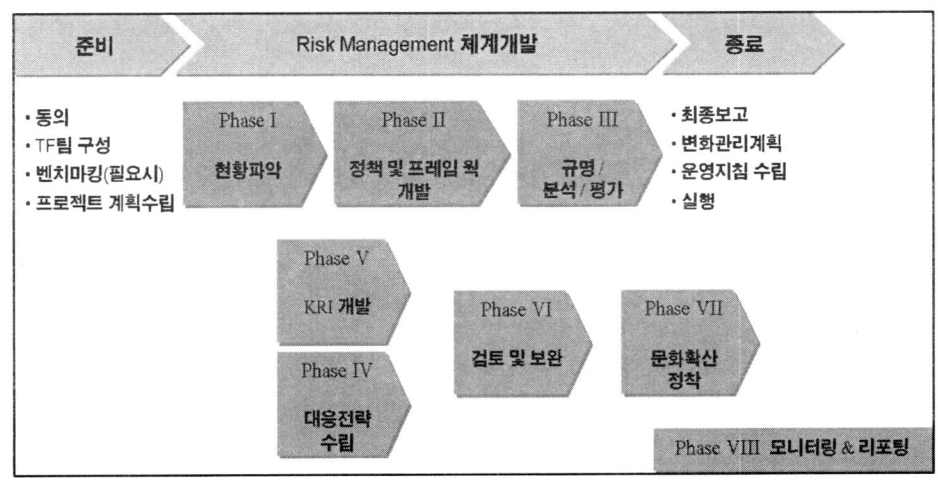

[그림 5-2] 리스크 관리 체계

리스크 관리에 관한 표준으로서 AS/NZS 4360이 1999년(2004년Rev.)에 발표되었고, 미국 COSO에서 기존의 내부통제를 위한 Framework와 4360 프로세스를 조합하여 2004년 ERM Framework를 발표하였다. COSO Framework에 따르면, ERM이란 통합적인 시각에서 기업에 영향을 미칠 수 있는 잠재적인 사건들을 파악하고, 기업이 감수할 수 있는 수준 내에서 이를 적절히 관리함으로써 궁극적으로 기업의 목표를 달성하기 위한 합리적인 대응 방안을 강구하는 프로세스이다.

COSO는 경영윤리, 내부통제, 기업지배구조 등을 연구하는 미국의 비 정부기구로써 미국공인회계사협회, 회계학회, 국제감사협회, 관리회계사협회, CFO협회로 구성되어 있다.

제 2 절 내부 환경

내부 환경은 원칙 및 구조를 제공하기 때문에 리스크 관리의 모든 요소들에 대한 기초를 이룬다. 따라서, 내부 환경은 전략과 목적의 수립방법, 사업 활동의 구조화 방법, 리스크의 식별, 평가, 대응 방법에 영향을 끼친다. 또한 통제 활동, 정보/의사소통 시스템. 모니터링 활동의 설계와 운영에도 영향을 미친다.

한편, 내부 환경은 회사의 역사와 문화에 의해 영향을 받는다. 역사와 문화는 여러 요소를 포함하고 있는데 대표적인 것으로는 기업의 도덕적 가치, 인적자원 배양 및 개발, 리스크관리에 대한 경영자의 철학, 권한과 책임을 위임하는 방법 등이 있다. 이사회는 내부 환경의 핵심이며 다른 내부 환경 요소들에 중대한 영향을 미친다.

모든 요소들이 중요하지만 각 요소의 중요도는 회사에 따라 다르다. 예를 들면, 규모가 작고 중앙 집권적인 회사의 최고경영자는 책임이 세분화된 운영 방침을 마련하지는 않을 것이다. 그렇지만 그 회사는 리스크 관리에 대한 적절한 토대를 제공하는 내부 환경을 갖출 수는 있을 것이다.

제 3 절 목표 수립

목표 수립은 사건 식별, 리스크 평가, 리스크 대응을 위한 전제조건이다. 즉, 경영자가 성과 달성에 대한 리스크를 식별·평가하고, 이를 관리하기 위해 적절할 조치를 취하기 전에 반드시 목표가 수립되어야 한다.

COSO Framework에서 정의하는 목표는 전략(Strategic), 운영(Operations), 보고(Reporting), 준수(Compliance)로 분류한다.

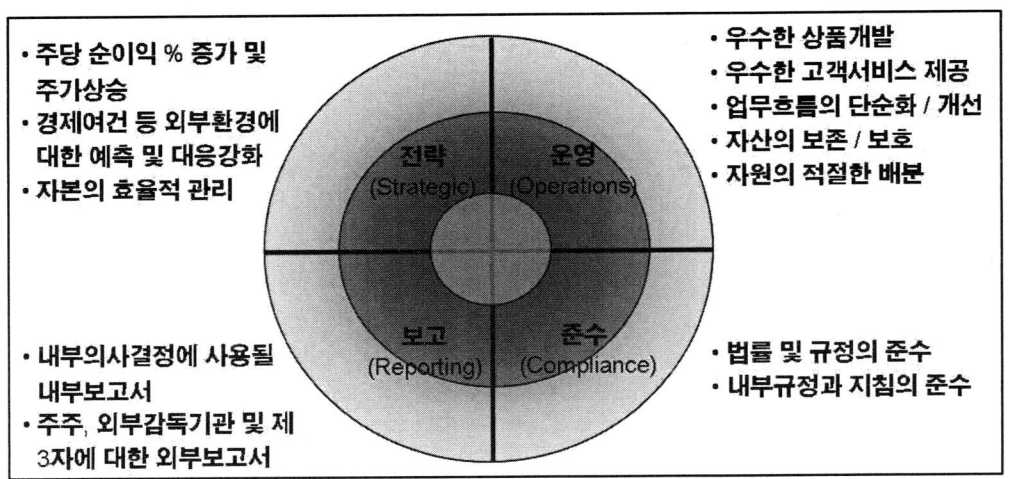

[그림 5-3] AS/NZS 4360과 COSO ERM Framework

대부분의 조직은 비전을 보유하고 있으며, 이러한 비전을 달성하기 위한 전략적 목표를 수립한다. 최근에는 BSC를 활용하여 적용하는 사례가 증가되고 있는 추세이다.

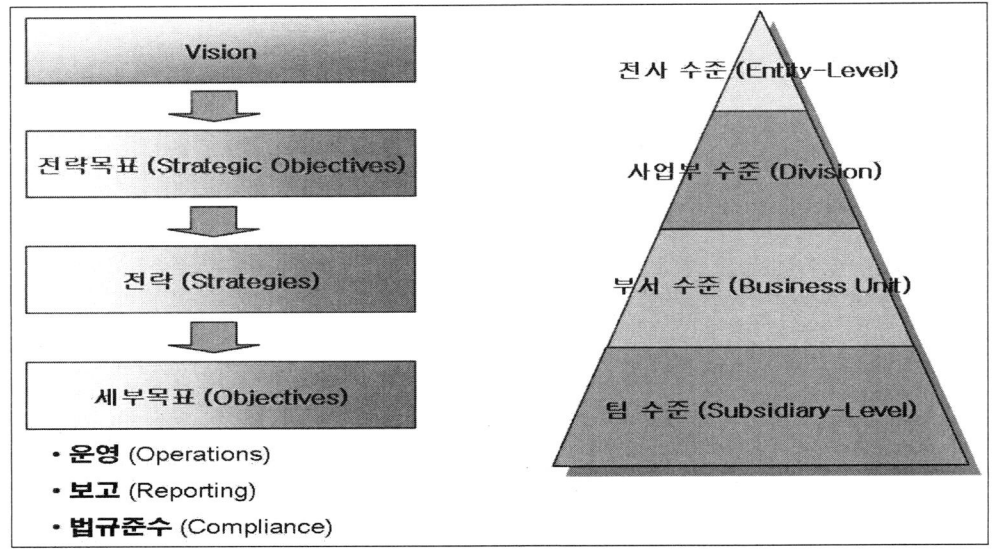

[그림 5-4] 목표 수립 절차

1. 전략적 목표

회사의 미션은 넓은 의미에서 회사가 달성하고자 열망하는 것으로 정의된다. '미션', '비전', '목적' 등 어떤 용어를 사용하든지 간에 경영자가 이사회의 감독하에 회사 존재의 이유를 명확히 수립하는 것은 중요한 일이다. 이렇게 수립된 미션으로부터 경영자는 전략적 목표를 설정하고, 전략을 정형화하며, 관련 운영·준수·보고 목표를 수립한다. 회사의 미션과 전략적 목표는 일반적으로 고정적인 반면, 전략 및 이에 관련된 여러 목표들은 동적이고, 내부와 외부 환경의 변화에 따라 끊임없이 수정된다. 기업의 환경이 변화하면 전략 및 관련 목표는 전략적 목표에 따라 변화한다.

전략적 목표는 회사의 미션/비전과 정렬되고 이의 달성을 지원하는 높은 수준의 목표이다. 또한 전략적 목표는 회사가 투자자들을 위해 어떻게 가치를 창조할지에 관한 경영자의 전략적 선택을 반영한다. 전략적 목표를 달성하기 위한 방법들을 고려할 때, 경영자는 다양한 전략에 따른 관련된 리스크를 식별하고, 내포된 의미를 고려한다. 이후에 설명되는 다양한 사건의 식별과 리스크 평가 기술은 전략 설정 프로세스에서 사용될 수 있다. 이와 같이 리스크 관리 기술은 전략과 목표 수립에 사용된다.

2. 관련 목표

모든 회사의 활동과 관련되어 회사가 선택한 전략과 정렬된 목표를 수립하는 것은 사업의 성공을 위해 중요한 일이다. 회사는 전략적 목표와 전략에 우선적으로 집중함으로써 전사 수준에서 관련된 목표들을 개발할 수 있는데, 해당 목표들의 달성은 회사의 가치를 창출하고 보존하게 한다. 전사적 수준의 목표들은 조직 전반에 걸쳐 여러 가지 활동들(판매, 생산, 엔지니어링, 인프라구축)을 위해 수립한 하위 목표로 계층화되어, 좀 더 구체화된 목표와 연계되어 있고 통합되어 있다.

전사적 활동수준의 목표를 수립함으로써, 회사는 반드시 달성되어야 하는 중요한 성공 요인을 식별할 수 있다. 이러한 성공요인은 목표가 달성되기 위해 반드시 제대로 실행되어야 하는 것이다. 주요 성공 요인은 회사, 사업부, 부서, 구성원에 대해 각각 존재하는데 목표를 설정함으로써 경영자는 주요 성공 요인에 초점이 맞추어진 성과 평가 기준을 마련할 수 있다.

목표가 과거의 업무 및 성과와 같은 맥락일 경우에는 활동들 간의 연결 고리를 파악하는 것이 가능하다. 반면, 수립된 목표가 회사의 과거 업무와 별개인 경우에는 경영자가 연관성을 파악하여 리스크를 관리해야 한다. 특별히 이런 경우에는 사업본부 목표 또는 하위단위의 목표와 경영자에 의해 수립된 새로운 지침이 상충되지 않아야 한다.

한편, 목표는 사전에 이해되고 측정 가능해야 한다. 리스크 관리는 모든 계층의 구성원이 각자의 영향범위와 관련된 회사의 목표를 반드시 이해하도록 요구한다. 즉, 모든 임직원은 달성되어야 할 것과 달성되고 있는 것을 측정하는 방법을 모두 이해해야 한다.

회사의 전반적인 목표들은 다양하지만 관련 목표는 다음과 같이 세 가지 큰 범주로 나누어 볼 수 있다.

- 운영 목표 – 운영 목표는 성과와 수익성 목표를 달성하고 손실로부터 자원을 보호하는 동시에 회사 운영의 효과성, 효율성과 관련이 있다. 운영 목표는 구조와 성과에 관한 경영자의 선택에 따라 매우 다양하다.
- 보고 목표 – 보고 목표는 보고의 신뢰성을 중시한다, 보고 목표는 내부·외부의 보고와 재무적·비재무적 정보를 포함하고 있다.
- 준수 목표 – 준수 목표는 관련된 법과 규제 수준에 부합해야 한다. 이는 외부 요소에 영향을 받는데, 동종 업종의 회사들 간에는 유사한 목표를 갖는 성향이 있다.

어떤 목표들은 회사가 속한 사업으로부터 기인한다, 예를 들면, 일부 회사들은 환경 규제기관에 정보를 제출하고, 상장 기업들은 증권 기관에 정보를 제출한다, 이러한 정보 제출 의무는 외부적으로 강제화된 법 또는 규제에 것이면 보고 또는 준수 목표범주 안에 속하게 된다.

반대로 내부 관리 보고(internal management reporting)를 위한 목표와 운영 목표는 경영자의 선호도, 그리고 경영 스타일에 의해 많이 좌우된다. 운영 목표들은 각자의 정보량, 능력, 정직성의 차이에 따라 다른 목표를 선택하기 때문에 회사마다 매우 다양하다. 예를 들어, 제품 개발 시 회사는 선두주자, 추종자, 후발주자 등 다양한 포지션을 선택한다. 이러한 선택은 연구와 개발기능의 구조, 기술, 인원구성 및 통제에 영향을 미친다. 결론적으로, 모든 회사에 최적인, 정형화된 목표는 존재하지 않는다.

제 4 절 사건 식별 (Event Identification)

1. 사건 (Event)

사건은 전략 실행이나 목표 달성에 영향을 주는 내·외부 원천으로부터 발생한다. 사건은 긍정적·부정적 또는 긍정적이면서 부정적이기도 한 영향을 줄 수 있다.

사건을 식별할 때, 경영자는 불확실성이 존재한다는 것은 인식하지만 사건의 실제 발생 여부, 발생 시기 및 그것의 정확한 영향은 알지 못한다. 다만, 경영자는 처음에는 해당 사건이 긍정적인 영향을 주는지 부정적인 영향을 주는지에 상관없이, 잠재적인 사건-내부와 외부 환경 모두로부터의 모든 범위를 고려한다. 이런 방법으로 경영자는 부정적인 영향을 주는 잠재적인 사건뿐만 아니라 기회도 파악하게 된다.

사건은 명백할 수도 있고 명백하지 않을 수도 있으며, 그 영향 또한 중요할 수도 있고 중요하지 않을 수도 있다. 관련된 사건을 모두 고려하기 위해서 사건 식별은 리스크 평가의 주요한 주제인 사건의 발생 가능성이나 영향도 크기와는 별개로 이루어져야 한다. 그러나 실무적인 한계도 존재하여 때때로 식별해야 할 사건의 범위를 정하는 것이 어려운 경우가 있다. 그렇지만 상대적으로 낮은 발생 가능성을 가진 사건이라 할지라도 주요 목표 달성에 대한 영향이 크다면 간과되어서는 안 된다.

2. 영향을 주는 요소

전략 적용과 목표 달성에 영향을 주는 사건은 수많은 내·외부 요소들로부터 발생한다.

따라서 리스크 관리의 일환으로 경영자는 내·외부 요소와 그로부터 발생 가능한 사건의 유형들을 이해해야 한다.

외부 요소들과 관련 사건의 예시는 다음과 같다.
- 경제 – 관련 사건으로는 가격의 변동, 자본의 가용성 그리고 낮은 시장 진입 장벽 등이 있다. 이로 인해 자본비용이 변동하며 새로운 경쟁자를 불러들일 수 있다.
- 자연 환경 – 관련 사건으로는 홍수, 화재 또는 지진이 있다. 이로 인해 공장이나 빌딩의 손상, 원재료에 대한 접근 불가능 또는 인적 자원의 손실이 발생한다.

- 정치 – 관련 사건으로는 새로운 공약을 내건 정부 관리 선출이나 신설된 법과 규제가 있다. 이로 인해 해외 시장으로의 진출 계획이 변경될 수도 있고 세금이 더 많아지거나 적어지기도 한다.
- 사회 – 관련 사건으로는 변화하는 인구통계, 사회적 관습, 가족 구조와 일과 생활에 대한 우선순위 및 테러가 있다. 이로 인해 제품과 서비스의 수요가 변화하고 새로운 구매 지역, 인적자원문제가 생기며, 동맹파업이 발생하기도 한다.
- 기술 – 관련 사건으로는 전자 상거래와 같은 새로운 수단의 출현이 있다. 이로 인해 자료를 더욱 폭넓게 활용할 수 있고, 하부구조의 구축비용을 줄일 수 있으며, 기술 집약적 서비스에 대한 수요를 늘인다.

사건은 또한 경영자가 내리는 선택으로 인해 발생할 수 있다. 기업의 능력과 역량은 이전에 이루어진 선택을 반영하는 한편 미래 사건과 경영자의 의사결정에 영향을 준다. 관련 사건의 예시는 다음과 같다.

- 하부구조 – 예를 들면, 예방차원의 관리나 콜 센터(call center)에 더 많은 자원을 할당하는 것이 있다. 이로 인해 설비의 중단시간이 감소하고, 고객 만족은 향상된다.
- 직원 –관련 사건으로는 작업장에서의 사고, 부정행위나 노동 계약의 종결이 있다. 이로 인해 유능한 직원을 잃고, 금전적인 손실이나 명성에 손상을 입게 되거나 생산이 중단되기도 한다.
- 프로세스 – 관련 사건으로는 적절한 변화 관리 프로토콜(protocol)없는 프로세스 개선, 프로세스 수행 오류(error) 및 적절한 감독 없이 운영되

는 고객 배달의 아웃소싱이 있다. 이로 인해 시장 점유율 하락, 비효율, 고객 불만족과 같은 손실이 발생하게 된다.
- 기술 - 저장매체의 파손·보안사고·잠재적인 시스템 정지 시간을 관리하기 위한 추가 자원의 투입과 같은 사건들은 재고자산을 감소시키고 부정한 거래를 발생시킬 수도 있으며 사업연속성 계획을 무력화시키기도 한다.

사건을 효과적으로 식별하기 위해 사건에 영향을 주는 내·외부적인 요소를 파악하는 것이 유용하다. 일단 가장 중요한 요소들이 파악되면, 경영자는 그것들의 중요성을 고려하여 목표 달성에 영향을 줄 수 있는 사건에 집중할 수 있다.

예를 들어, 신발을 제조하고 수입하는 업자가 남성용 고품질 신발 시장에서 산업 리더가 되려는 목표를 세웠다고 하자. 이를 달성하기 위해서는 첨단기술과 까다롭게 선정된 수입원을 바탕으로 스타일, 편안함 및 내구성을 갖춘 제품을 생산하려고 할 것이다. 그 회사는 외부의 운영 환경을 살펴보고 사회적인 요소, 주 고객층의 연령, 유행의 변화와 같은 관련 사건들을 식별하였다. 또한, 경제적인 요소 관련 사건으로 환율 및 이자율의 변동을, 내부 기술 요소 관련 사건으로는 시대에 뒤처진 유통 경영 시스템을, 그리고 직원 요소 관련 사건으로는 부적절한 마케팅 교육 등을 식별하였다.

사건은 기업 수준에서뿐만 아니라 활동 수준에서도 식별되어야 한다. 이는 판매·생산·마케팅·기술개발·연구개발과 같은 주요 사업부 단위 또는 기능에 대한 리스크 평가의 중요성을 일깨워 준다.

제 5 절 리스크 평가

리스크의 평가(Risk Assesment)는 비즈니스에서의 위험의 영향을 제대로 이해하고 발생할 가능성을 파악하며 수용 가능한 정도로 위험의 발생 가능성을 줄이기 위한 조치로서 리스크가 기업의 목표달성에 어느 정도 영향을 미치게 될 것인가를 예상할 수 있는 과정이라 할 수 있다.

기업의 경영진은 "발생가능성"과 "영향도"의 두 가지 관점에서 사건을 평가하며, 일반적으로 이에 대하여 정성적, 정량적인 방법을 결합하여 사용하게 된다. 이는 미래의 사건의 긍정적 또는 부정적 영향을 개인별, 범주별, 회사별로 나누어 평가하며 리스크는 고유 리스크와 잔존 리스크 두 가지로 측정한다.

리스크의 평가는 기업의 내·외부 요인들이 어떤 사건이 발생할 것이지, 발생한 사건이 회사의 목표에 어느 정도 영향을 끼칠 것인지에 대해 영향을 주게 된다. 비록 동종 산업의 회사들 사이에 공통적인 요인들이 다수 존재하지만 각 기업들의 목적과 과거의 선택들로 인해 후속 결과는 특정 기업마다 달라진다. 따라서 리스크의 평가 시 경영자는 회사의 규모, 운영의 복잡성, 활동에 대한 규제 정도 등을 파악하여야 한다. 경영자는 예상된 사건과 예측하지 못한 사건들을 고려해야 한다. 따라서 경영자는 예기치 못한 잠재적 리스크를 평가하고 또한 평가하지 않았지만 회사에 중대한 영향을 미칠 수 있는 예측 가능한 리스크까지 평가해야 한다.

기업의 경영자는 앞서 거론된 고유 리스크와 잔존 리스크를 고려하여야 한다. 고유 리스크(Inherent Risk)란 리스크 발생 가능성이나 그 영향을 변화시키고자 하는 경영자의 행동이 없을 시에 존재하는 회사의 리스크이며, 잔존 리스크(Residual Risk)란 리스크에 대한 경영자의 대응 이후 남아 있는 리스크이다. 리스크 평가는 먼저 고유 리스크에 적용되고, 리스크의 대응이 이루어지고 난 후에 기업의 경영자는 잔존 리스크를 고려한다.

운영목표	생산량 증대를 위해 생산직(경력직) 180명 신규 채용	
측정단위	신규채용 인원수	
허용한도	165 ~ 200명	
위험	고유 리스크 평가	
	발생가능성	영향크기
요건을 갖춘 지원자 수의 부족	20%	채용인원 10%부족 (18명 부족)
지나치게 엄격한 채용심사	30%	미숙한 채용심사로 인한 5%의 채용미달 발생 (9명 부족)

[표 9] 고유 리스크 분석 예

고유 리스크는 기업의 경영진이 리스크의 발생 가능성 및 영향에 대해 아무런 조치를 취하지 않을 때 회사에 미치는 리스크 이다. 경영자가 고유 리스크에 대한 대응책을 실행한 후 잔여하는 리스크를 잔존 리스크라 하며, 리스크의 대응책에는 고객층 및 상품 또는 기타 요소의 다각화 전략, 각종 제한 등을 명시하는 정책 및 절차의 수립, 감독기관의 성과평가기준에 대한 검토 및 조정 또는 반복되는 결정 및 거래 승인사항을 평준화하기 위한 자동화 기준 수립 등이 포함된다. 이러한 일련의 행위를 통해 사건의 발생 가능성을 줄이거나 발생한 사건으로 인한 영향을 줄일 수 있다.

실제 경영자가 환율 변동으로 인한 해외 매출의 고유 리스크를 평가하였다. 경영자는 환율 변동 리스크의 대응책으로 외환 헷지(hedge)를 사용하였으며 헷지 도입 후 발생하는 잔존리스크를 평가하였다.

운영목표	$1억의 해외영업이익 창출				
측정단위	환율변동에 따른 해외영업이익의 변동율				
리스크	환율변동에 따른 해외영업이익의 감소				
리스크 허용한도	변동율 한도 : +/-$10,000,000이내				
리스크 요소	고유 리스크 평가		리스크 대응	잔존 리스크 평가	
	발생 가능성	영향도		발생 가능성	영향도
90일 이내에 환율 1.0% 포인트 상승	10%	$5,000,000	아무런 대응도 하지 않음	10%	$5,000,000
90일 이내에 환율 1.5% 포인트 상승	4%	$10,000,000	환율 헷지 상품을 통한 환율 리스크 감소	4%	$5,000,000
90일 이내에 환율 3.0% 포인트 상승	1%	$20,000,000		1%	$8,000,000

[표 10] 고유 리스크와 잔존 리스크 평가 예

앞의 규명 단계에서 도출된 모든 리스크들에 대한 동시통제는 시간과 자원의 한계 때문에 불가능하므로 상대적으로 중요한 리스크 들을 선별하여 이들에 대한 계획과 대응에 집중되도록 하게 한다. 이는 리스크 평가 요소들이 기업의 전반에 걸쳐 지속적이고 반복적인 상호 작용임을 인지하고 있어야 한다.

모든 규명된 리스크들에 대하여 정성적, 정량적 분석을 통하여 그 영향의 정도를 측정하게 되며 이에 대한 방법론에 대하여 알아보게 된다.

1. 리스크 산정

모든 리스크를 동일 기준으로 산정하는 수법은 실제적으로 없으며, 현실적으로 산정 목적이나 정도 수준, 산정 결과의 표현 방법 등에 맞추어 다양한 수법의 특성을 근거로 하여 사용할 필요가 있다. 특정 리스크의 중대성을 산정, 표현하는 수법에 필요한 요건으로서 다음과 같은 사항이 있다.

첫째, 제 3자가 납득 할 수 있는 합리적인 수준과 지표이고, 실제로 산정 가능하다. 이를 위해서 제 3자에게 위탁할 수 있다.

둘째, 산정 결과는 정량적이 아니라도 현실적으로 상대적인 비교가 가능하다. 위험이 발생할 명확성(또는 발생 확률)의 산정에 있어서 수량의 산정에 고집하는 것이 아니라 현실적으로 납득성이 있는 지표, 예를 들면 "10년 내에 발생이 충분히 예상된다." "발생 가능성은 있지만 통상 기업 활동에서는 무시할 수 있다." 등도 조직 내의 합의를 얻을 수 있다면 채용할 수 있다.

셋째, 될 수 있는 대로 간편하고 산정에 특별한 능력을 필요로 하지 않는다.

넷째, 특정한 리스크 평가 시 통일적인 관점에서 비교 평가 할 수 있다.

즉, 리스크의 산정결과를 일반화해서 표현할 수 있다.

조직에서는 이런 것들의 요건을 만족하는 수법을 각 특정 리스크에 관해서 리스크 산정수순으로 확립하고 문서화 한다. 대표적인 산정 수법은 정량적 방법과 정성적 방법이 있다. 정량적인 방식은 수학공식 접근법, 확률분포추정 법, 확률지표법, 몬테카를로 시뮬레이션 기법, 과거 자료 분석법 등이 있으며, 정성적인 방식은 델파이법, 시나리오법, 순위결정법, 퍼지 행렬법, 질문서법 등이 있다.

리스크 산정은 리스크 평가의 단서가 되는 형태로 산정하고 표현할 필요가 있다. 일반적으로 리스크 산정은 위험 발생의 명확성(또는 발생확률)과 위험이 발생한 경우 영향의 크기로 나누어서 정량적 또는 정성적으로 산정하고 표현한다.

리스크 산정은 미래의 사건의 불확실성에 대하여 발생 가능성(명확성)과 영향도(크기)의 두 가지 관점에서 주로 평가되며 영향도는 사건이 미치는 효과를 의미하는 반면, 발생가능성은 어떤 사건이 발생할 수 있는 확률을 의미한다. 이에 대한 용어의 표현에서 확률 그리고 중대성, 심각성, 결과 등으로도 사용되며 일반적으로 "발생 가능성" 또는 "발생의 명확성" 그리고 "영향도" 또는 "영향 크기"라는 용어가 일반적으로 많이 사용된다. "발생가능성"은 어떤 사건이 "높음, 보통, 낮음" 같은 정성적인 용어로 사용됨을 의미하며, 확률은 "퍼센트, 발생 빈도, 수치" 같은 정량적인 측정치로 표기할 수 있음을 의미한다.

위험 발생의 명확성에서는 전례나 근거가 될 것 같은 데이터를 준비할 수 없는 것이 많지만 이 경우에 있어서도 전례가 없기 때문이라고 하면서 단적으로 리스크가 존재하지 않는다고 하지 않는다. 리스크는 반드시 존재하고 아직 일어나지 않았을 뿐이라고 하는 인식으로 가능성을 검정하는 것이 좋다. 또 영향의 크기에 있어서는 직접적인 영향, 간접적인 영향, 혹은 직후에 나타나는 영향, 시간이 경과 한 후에 나타나는 영향, 영향의 파급 등으로 나누어서 산정 및 표현할 필요가 있다.

1) 정성적 방법

(1) 리스크 매트릭스

일본 리스크 관리시스템 표준으로 제시하는 JIS Q 2001에서 기술하는 리스크 매트릭스(risk matrix)법은 정성적(Qualitative)방법(순위결정법 종류)으로 가장 보편적으로 널리 활용하는 접근법이다.

리스크 매트릭스 법에서는 주로 3×3 또는 4×4의 매트릭스를 이용하지만 이를 좀 더 세분화하여 사용되는 경우도 있다. 한쪽 축에는 사태의 결과를 또 한쪽 축에는 사태가 일어나기 쉬운 정도인 영향에 대한 크기를 쓴다. 각 축의 기준 설정 예를 그림 5-5에서 보여준다. 리스크 평가를 위한 정성적 척도인 리스크 수준(정도)은 각 축에 수준을 갖고 정하게 된다.

리스크의 수준 = 발생가능성(명확성) × 영향크기

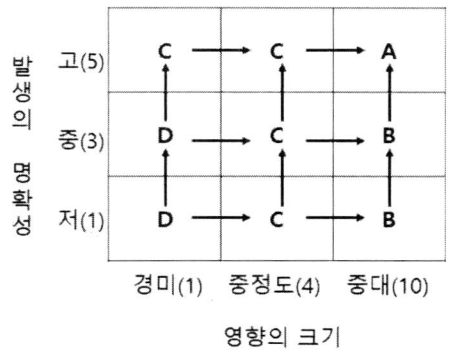

[그림 5-5] 리스크 매트릭스에서 리스크 블록의 예

① 발생의 명확성

기준	Rank	발생의 명확성
고	5	때때로 발생
중	3	비통상시 등에 일시적으로 발생할 가능성이 있다.
저	1	통상시 거의 생각할 수 없지만 긴급사태나 인위적인 실수가 겹쳤을 때는 발생할 가능성이 있다.

수준	척도	설명	발생가능성
1	발생이 희박한	아주 예외적인 경우에만 일어날 수 있음	10년간 1회 미만
2	발생할 것 같지 않은	언젠가 일어날 수도 있음	5년간 적어도 1회
3	발생할 수 있는	언젠가 일어날 지도 모름	3년간 적어도 1회
4	발생할 것 같은	대부분의 상황에서 대개는 발생할 것으로 생각됨	년간 적어도 1회
5	발생이 거의 확실한	대부분의 경우 발생할 것으로 생각됨	분기당 1회 이상

② 영향의 크기

기준	Rank	발생의 명확성
중대	10	인체의 영향이 크다. 또는 제품이나 사업 환경에 많은 영향이 있고 또 길게 끄는 것
중정도	4	일시적인 영향이 있지만 시간이 지나면 회복 가능한 것
경미	1	영향이 적고 대처할 수 있는 것

수준	척도	설명	영향의 크기
1	사소한	상해가 없고, 재정적 손실 거의 없음	1억원 미만
2	경미한	응급조치 요구, 아주 가까운 현장만 영향을 받음, 중간 정도의 재정적 손실	1억원~5억원
3	일상적	의료처치 요구, 외부 도움을 받아 주변현장에 영향을 미침, 상당한 재정적 손실	5억원~50억원
4	중대한	심한 상해, 생산능력 상실, 현장에서 떨어진 곳에서는 유해한 영향 없음, 중대한 재정적 손실	50억원~250억원
5	치명적	사망, 유해한 영향이 현장에서 떨어진 곳까지 영향을 미침, 거대한 재정적 손실	250억원 이상

[표 11] 축의 기준 설정 예

그림 5-5는 리스크 블록을 나타내고 있고 각각의 블록 안에 있는 리스크들은 같은 정도의 리스크라 가정할 수 있다. 표 12는 리스크 블록의 그룹핑 예를 보여준다. 또 이 표에서 리스크 그룹핑마다 리스크 처리법을 나타낸다. 매트릭스의 블록은 리스크 레벨을 의미한다. 유사한 리스크 레벨을 나타낸 블록은 그룹핑과하고 3 또는 4가지의 영역으로 나눈다.

그룹	포인트	리스크 레벨
A	50이상	임시 예산을 확보하고 최우선으로 대책을 실시할 리스크
B	20이상	년도 예산 범위에서 우선적으로 실시할 리스크
C	10이상	중장기 계획에서 검토하고 실시할 리스크
D	10미만	당면, 감시 하에 둘 리스크

[표 12] 리스크 블록의 그룹핑 예

리스크가 발생될 수 있는 사례를 기업의 각 구성원과 인터뷰나 설문조사, 워크숍 등을 통하여 사례를 발굴하고 이를 리스크별로 분류하여 이에 대한 발생 가능성과 영향의 크기로 리스크 수준을 산정하고 이를 리스크 매트릭스로 정성적 분석을 하게 된다.

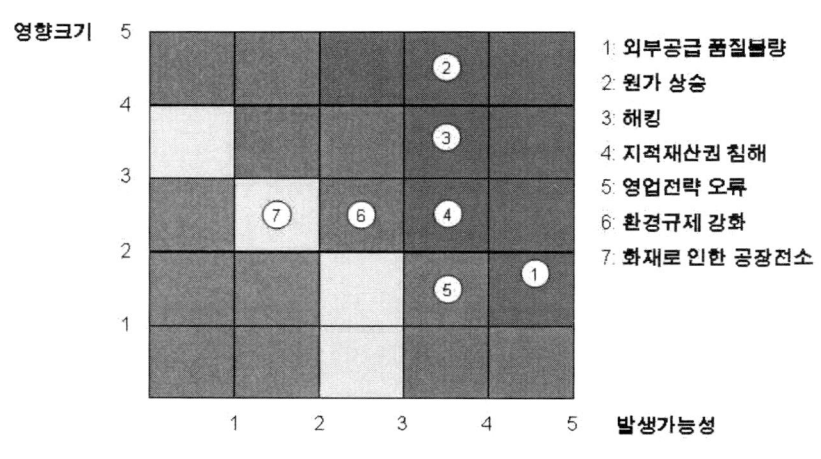

(a) 리스크 매트릭스

			위 험 크 기				
			1 사소한 (Insignificant)	2 낮은 (Minor)	3 일상적 (Moderate)	4 중대한 (Major)	5 치명적 (Catastrophe)
발 생 가 능 성	5	발생이 거의 확실한 (Almost Certain)	0	0	0	0	0
	4	발생할 것 같은 (Likely)	0	2	0	0	0
	3	발생할 수 있는 (Possible)	2	0	2	0	0
	2	발생할 것 같지 않은 (Unlikely)	0	1	1	2	1
	1	발생이 희박한 (Rare)	0	0	0	0	0

점수	구분	개수
15이상	매우 위험한 수준	0
15미만	위험한	1
10미만	일상적	7
5미만	낮은	3
3미만	사소한	0
합계		11

(b) 리스크 수준

[그림 5-6] 정성적 분석 결과

(2) 리스크 맵(Risk Maps)

리스크 매트릭스의 한 종류인 리스크 맵은 단일 또는 복수의 리스크 발생 가능성 및 영향도를 그래프로 표시하는 방법이며, 리스크 맵은 그림 5-7과 같이 열지도(Heat Map) 형태로 표시되거나 리스크 발생 가능성 및 영향도의 정성적, 정량적 측정을 도면으로 나타내는 프로세스 차트 형태로 표시된다. 리스크는 그 중요도에 따라 중요한 리스크(높은 발생 가능성과 영향도), 상대적으로 중요도가 낮은 리스크(낮은 가능성과 영향도)로 구분하여 표기된다.

분석의 수준과 깊이에 따라 리스크 맵은 전체적인 발생 가능성과 영향도를 표시하기도 하고, 발생 가능성도 영향의 변화요소를 포함하여 표시하기도 한다. 열지도(Heat Map)은 리스크 수준(발생 가능성 및 영향도)을 서로 다른 색깔로 구분하고 있다.

적색(높은 리스크 수준), 황색(보통 리스크 수준), 녹색(낮은 리스크 수준)

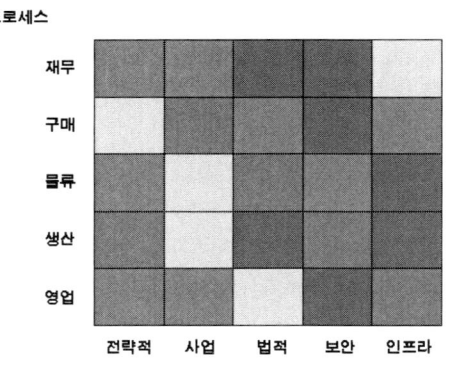

[그림 5-7] 열지도(Heat Map)

통상 리스크 매트릭스에는 다음과 같은 세 종류의 사용 방법이 있다.

① 순수하게 정성적인 리스크 매트릭스 : 설명 또는 정성적인 척도로 블록을 정의하는 방법이다. 또 정성적인 매트릭스의 척도는 상대적이지만 수량적이 아니다. 따라서 척도를 각 축마다 동일하게 부여 할 수도 있지만 가중에 따라 각 축에 척도를 달리 부여할 수 있다.

② 순수하게 정량적인 리스크 매트릭스 : 측정가능 또는 양적인 척도로 블록을 정의 하는 방법이다. 상대적에서도, 절대적에서도 수량적인 척도를 사용한다.

③ 하이브리드(Hybrid) 리스크 매트릭스 : 한쪽의 척도(통상 일어나기 쉬운 정도 쪽)는 정량적이고, 다른 쪽이 정성적인 반(semi) 정량적 매트릭스이다.

리스크 매트릭스에서는 어떤 블록의 리스크는 몇 개정도의 블록과 직접 비교할 수 가 있지만 모든 블록과 비교할 수 없다. 블록과 블록사이에 애매한 관계가 없는 경우에 한해서 상대적인 리스크 비교가 가능하다.

애매한 관계란 다음의 두 가지이다. 첫째, A가 B보다 일어나기 쉽지만 결과는 B보다 적은 경우이다. 둘째, A가 B보다 결과는 크지만 일어나기 쉬운 정도는 B보다 낮은 경우이다. 이러한 애매한 관계의 경우, 상호간의 블록이 나타내는 리스크에서 유의한 결론을 끌어내는 것은 불가능하다.

정성적인 리스크 매트릭스에서는 그림 5-5에서 나타난 것처럼 화살표로 연결한 방향만이 직접 비교가 가능하고, 화살표가 표시한 방향은 리스크가 증가하는 방향이다. 화살표가 연결되어 있지 않은 블록의 리스크 비교는 모호하다. 리스크 비교에 제한이 있으므로 정성적 및 반 정량적 매트릭스의 가치는 약간 떨어지지만 사용 목적에 따라서는 충분히 이용할 수 있다.

2) 정량적 방법

(1) 위험발생 확률(확률적 위험도 분석)

확률적 위험도 분석 기법은 조직의 위기관리의 한 분야인 리스크 분석에서 리스크를 산정할 때 한 요소인 위험 발생 확률을 계량적으로 산출하는데 적용할 수 있어 이 기법을 소개한다.

확률적 위험도 분석은 주로 원자력 발전소의 사고 경로별 위험정도를 분석하거나 추적하는데 활용되어 왔다. 확률적 위험도 분석이라는 용어는 확률론적 안전성 분석과 함께 쓰이고 있다. 이러한 확률적 위험도 분석은 시스템의 실패와 성공 확률을 평가하는 기법이라고 간단히 말할 수 있다. 확률적 위험도 분석의 목적은 설계와 운영상의 안전도를 증가시키고 설계와 제조, 조립 및 운영의 비용을 절감하는데 있다.

확률적 위험도 분석(probabilistic risk analysis : PRA) 모형은 사업의 불확실성을 야기하는 위험변수의 확률분포를 가정하여 결과변수의 확률분포와 누적확률분포를 통해 사업의 불확실성을 계량화하는 모형이라고 US.DOT(1996)에서 정의하고 있다. 즉, What-If 시나리오를 발생시켜서 난수와 컴퓨터 시뮬레이션을 활용하여 여러 가지 리스크가 빈번히 발생하는 상황을 분석하는 것을 의미한다. 그래서 정량적이고 정성적인 의사결정에 활용할 수 있다.

그림 5-8은 US.DOT(1996)가 기술한 확률적 위험도 분석의 진행과정을 보여주고 있다. Site Team에서 토론을 통해 Step 1(a)에서 프로젝트 리스크 변수를 확인하고, Step 1(b)에서 "높다", "낮다' 등으로 변수의 값을 할당하고 Step 2에서 몬테카를로 시뮬레이션을 수행하고 Step 3(a)과 Step 3(b)에서 그래프와 통계 결과를 확인한 다음 수용 가능한 리스크 정도에 대해 의사결정을 하도록 하는 과정을 반복한다.

이러한 확률적 위험도 분석은 미래의 불확실한 상황하의 의사 결정을 위해 주로 활용되는 분석 기법으로, 신뢰성 공학이나 산업공학 혹은 안전공학에서 시스템의 안전도 및 위험도를 분석하여 산정할 때 주로 활용된다. 특히 위험분석을 위해 시나리오를 개발하고 개발한 시나리오를 바탕으로 분석 모델링을 한 다음 이를 바탕으로 몬테카를로 시뮬레이션을 실행하여 적정한 확률 분포값을 산출하는데, 위험분석 데이터의 유형과 특성에 따라 적용할 확률분포를 달리할 수 있다.

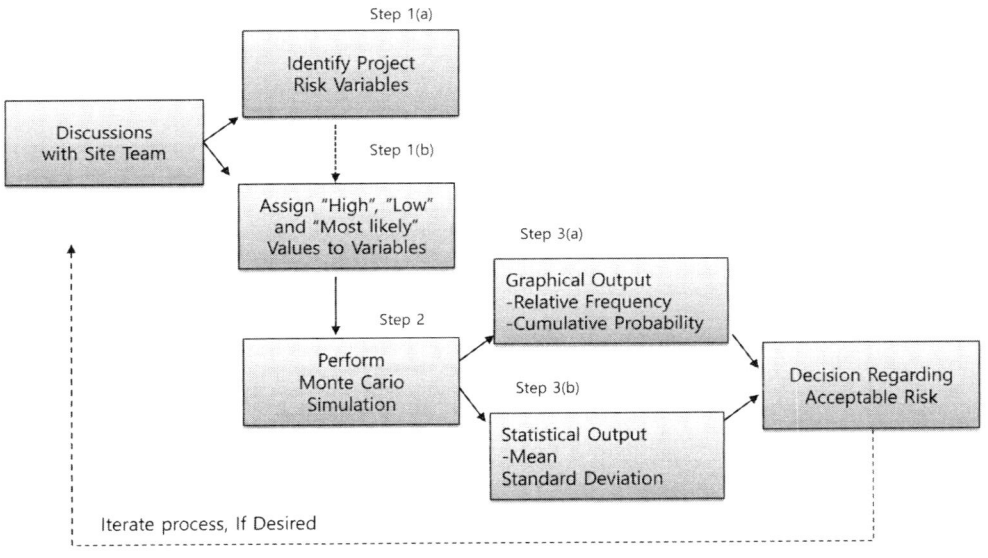

[그림 5-8] 확률적 위험도 분석의 진행과정

(2) 확률적 위험도 분석의 수행 절차

확률적 위험도 분석은 여러 복잡한 과정을 통해 진행하는데 그림 5-9를 통해 그 절차를 명확히 확인할 수 있다.

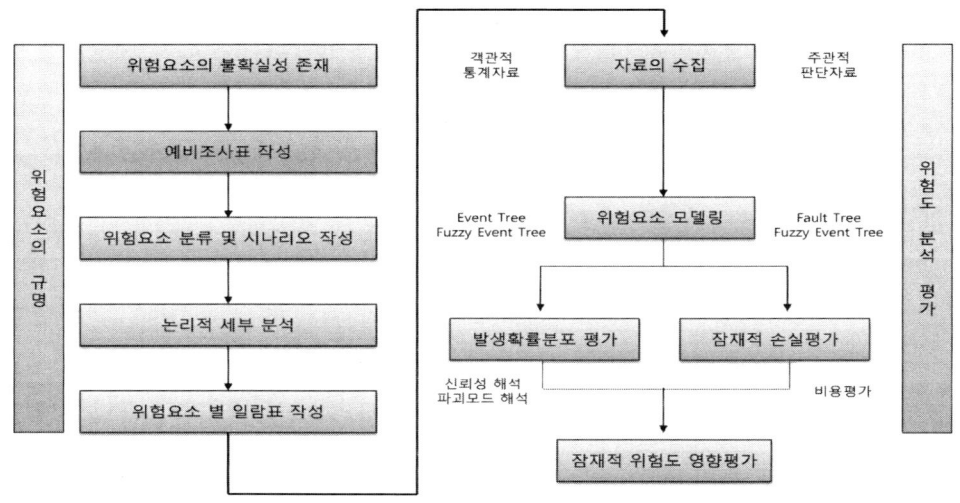

[그림 5-9] 확률적 위험도 분석의 수행절차

그림 5-9에서 위험요소의 규명과 위험도 분석 평가의 두 부분으로 크게 나눌 수 있으며, 위험요소의 규명에서는 위험요소의 불확실성이 존재하는 것에 대해 예비조사를 통해 자료를 수집하고 이를 기반으로 위험요소를 분류하고 시나리오를 작성하여 위험분석 평가에서는 더 상세한 자료를 수집해서 위험요소를 모델링하며 몬테카를로 시뮬레이션을 적용하여 발생확률 분포를 평가하게 된다. 그 결과 잠재적 위험도의 영향평가를 수행한다.

그림 5-10는 WASH-1400의 원자력 발전소의 안전도를 진단한 확률론적 안전성 분석 절차를 보여주는데, 초기 정보를 수집해서 외부사건을 분석하고 이를 통해 Event Tree를 개발하고 시스템을 모델링 한다. 그리고 사건 발생빈도를 확인하여 물리적인 과정을 분석하도록 하고 있다.

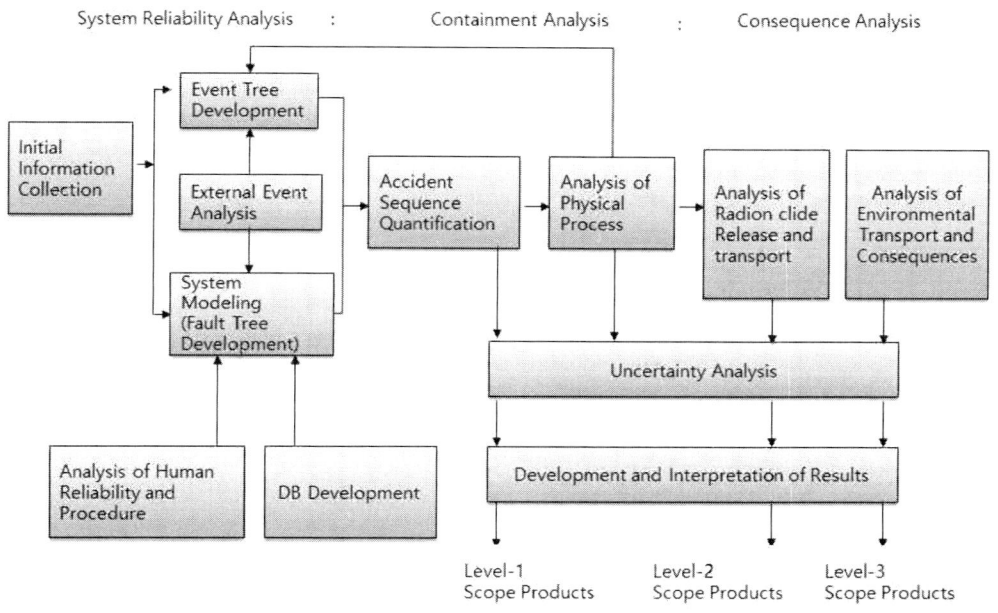

[그림 5-10] WASH-1400의 확률론적 안전성 분석 절차

확률론적 위험도 분석의 절차는 필요에 따라 조금씩 차이가 있다. 그림 5-11은 경제성 분석 모형 개발에 확률론적 위험도 분석을 활용하고 있다. 절차상으로 볼 때, 위험변수를 선택하고 확률분포를 선택하여, 시나리오를 개발하여 몬테카를로 시뮬레이션을 통해 분석 결과를 산출하도록 한다.

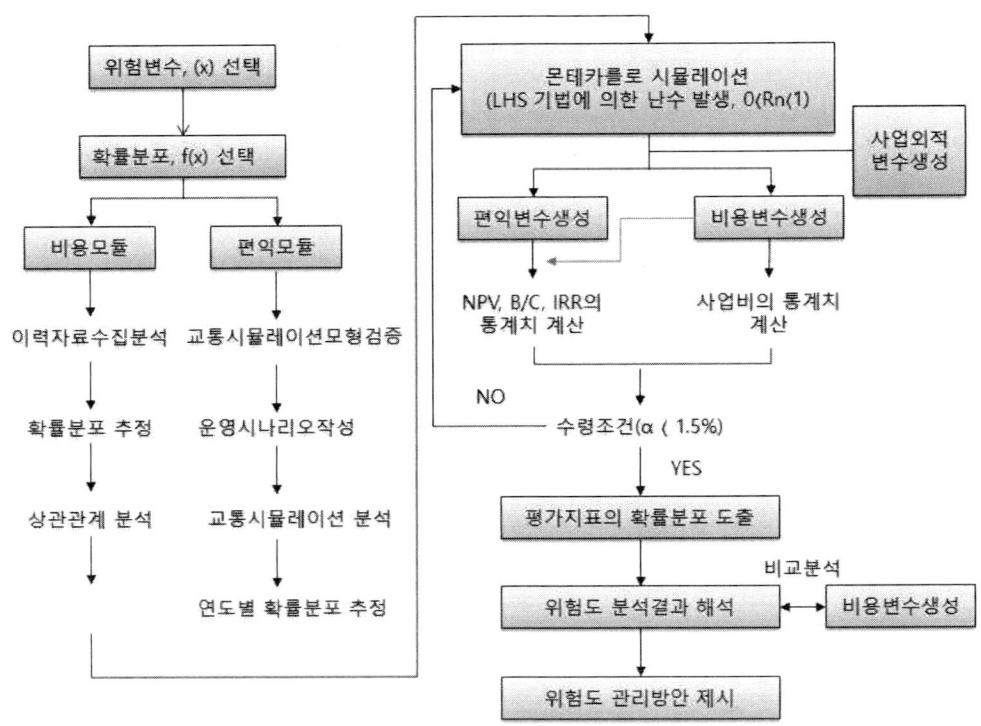

[그림 5-11] 확률적 위험도 분석을 이용한 경제성 평가 모형 개발 절차

따라서 확률론적 위험도 분석의 절차는 위험요소를 규명하고 그에 따른 사건 경로를 추적하고 필요에 따라서 사건 경로 시나리오를 개발하여 이를 토대로 모델링을 하여 시뮬레이션을 시행한다. 이러한 절차는 분석 상황과 환경에 따라 달라질 수 있다.

그리고 확률론적 위험도 분석 절차에 대해 조효남(2001)은 네 단계로 구분하고 있는데, 위험도 분석 대상에 내재한 전반적인 위험사건들에 대한 모든 정보를 수집하는 위험사건 수집단계, 수집된 위험사건 및 그에 관한 데이터를 분석 가능한 자료로 구분하여 위험사건의 특성에 따라 적절한 일반 확률적인 방법으로 분류하거나 퍼지 기법을 적용하는 위험사건규명단계, 일련의 과정을 통해 산정된 위험사건에 대한 확률을 통해 그에 따른 기대비용을 곱함으로써 기대손실 즉 위험도를 산출하는 위험도 분석 및 평가 단계, 마지막으로 산출된 기대손실을 바탕으로 위험사건요소를 결정하여 이러한 위험사건들을 관리하는 위험관리단계이다.

(3) 확률적 위험도 분석의 모델링

가. Event Tree Analysis(ETA)

그림 5-12의 Event Tree Analysis는 전통적으로 사용되는 Decision Tree의 수정 형태로, 사건 결과들의 기록과 사고에서 결과를 조합하는 초기 사건과 하위사건들 사이의 상호 인과관계를 정의하는데 정확한 방법을 제공한다. 사건들을 분류함으로써 또는 정량적인 평가를 통해서 가장 중요한 사건들을 증명한다.

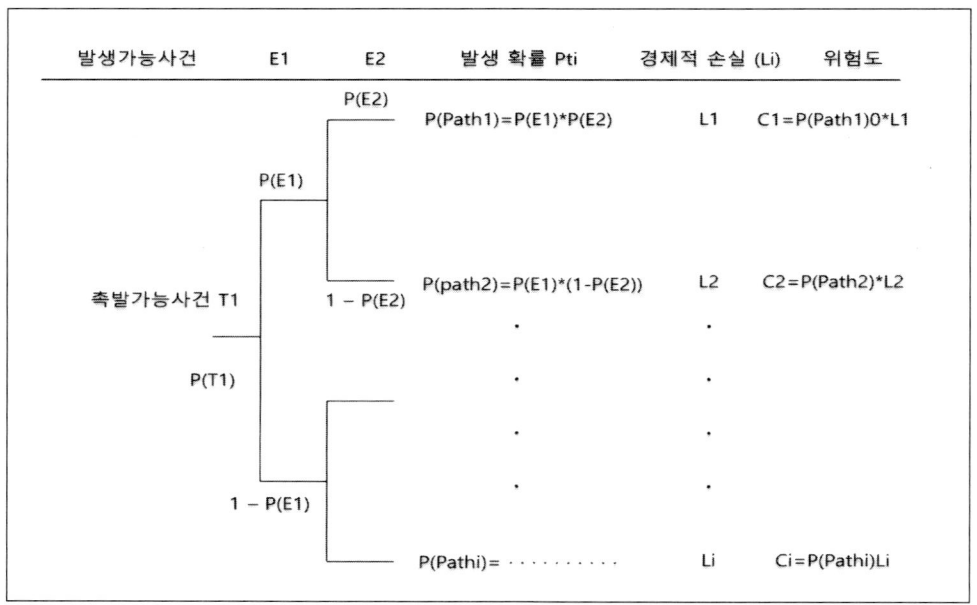

[그림 5-12] ETA를 이용한 위험도 분석 모델링의 예

이러한 Event Tree Analysis의 단계별 절차는 다음과 같다.

① 촉발가능사건과 발생가능 사건 분류 : 촉발가능사건은 초기 사건이며, 발생 가능 사건은 초기사건에 이어 발생할 수 있는 모든 사건

② Event Tree 구성

③ 확률 분석 기법을 이용하여 각 사건 경로에 해당하는 발생확률 계산
  - 몬테카를로 시뮬레이션 기법, Bayesian 기법 등

④ 경제적 손실과 발생확률을 곱하여 각 경로의 위험도 추정 후 합하여 전체 위험도 평가

이와 같은 Event Tree Analysis의 특징은 다양한 결과에 영향을 미칠 수 있는 초기사건 분석에 적용, 독립적인 사건이나 동시 발생적인 사건을 다루는데 이용하며 사건의 순서를 기술하는데 효과적이다. 그리고 가정한 초기사건들로부터 야기되는 내재 사건을 평가하는데 사용한다. 그런데 Event Tree Analysis의 한계는 중간에 일어나는 사건들의 원인을 명확한 방법으로 묘사하지 못하며 또한 다른 가지들이 상호 의존관계를 가지고 있는 경우에 적합하지 않다.

나. Fault Tree Analysis(FTA)

Fault Tree Analysis(FTA)는 그림 5-13과 같이 시스템의 파괴 원인이 되는 파괴 모드에 대한 분석을 위한 것이다. Barlow/Lambert에 따르면, 최상위 사건에 이르는 전 시스템에서 발생할 수 있는 가능한 사건들의 다양한 조합 형태를 시각적이고 논리적으로 표현하는 하나의 모델로 사고의 기본원인들 사이의 논리적인 상호연관성을 나타내는 도해적인 표현이다.

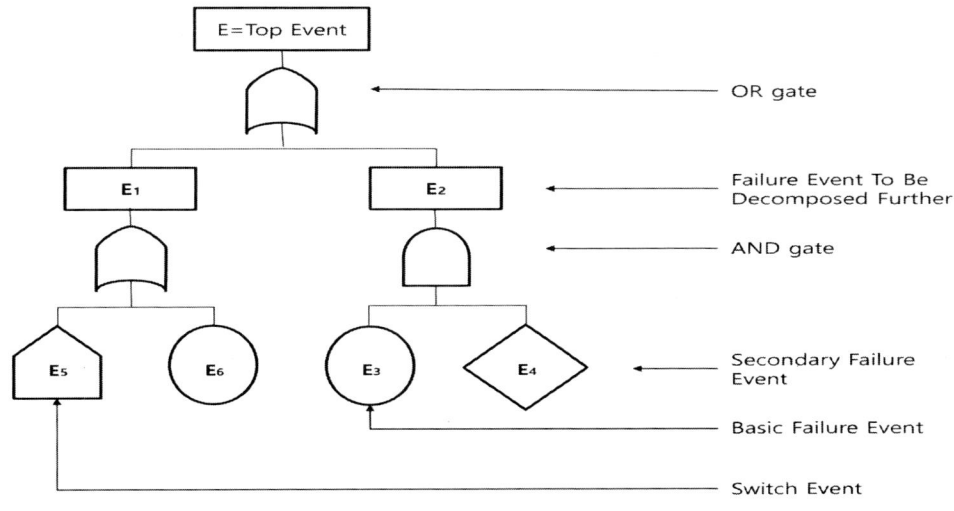

[그림 5-13] Fault Tree의 구성 요소

Fault Tree Analysis(FTA)의 단계별 절차는 다음과 같다.

① 문제 정의

② Fault Tree 구성

③ Fault Tree(minimal cut set 결정)

④ 최소 단절 집합(minimal cut set)의 분류

그리고 Fault Tree Analysis(FTA)의 특징은 다음과 같다.

① Fault Tree를 구축하고 그 결과를 점검하기가 어렵다.

② 부분적인 파괴상태를 다루기 어렵고 오직 두 가지 상태의 구성요소를 위해 계획된다.

③ 공통의 원인 또는 공통된 모드의 파괴를 포함하는 경우 상당한 수고를 요하며, 사건의 연속적인 의존관계와 파괴모드 사이의 상호 의존관계를 묘사하는데 부적당하다.

④ 파괴데이터의 부정확성은 사고확률을 계산하는데 불확실성을 야기한다.

다. Fuzzy Event Tree Analysis(FETA)

Fuzzy Event Tree Analysis(FETA)는 그림 5-13과 같이 퍼지 개념을 도입하여 제안한 방법으로 ETA와 퍼지 기법의 장점을 함께 가지고 있는 방법이다.

성취정도(PF)	발생규모정도(M)	발생가능성(PR)	소속도 $\mu(x)$
매우양호	매우 크다	매우 낮음	$\left(\dfrac{x}{10}\right)^6 ; 0 \leq x \leq 10$
양호	크다	낮음	$\left(\dfrac{x}{10}\right)^3 ; 0 \leq x \leq 10$
적절	중간	중간	$\begin{cases} \dfrac{x}{10} ; 0 \leq x \leq 5 \\ \dfrac{10-x}{10} ; 5 \leq x \leq 10 \end{cases}$
불량	작다	높음	$\left(\dfrac{10-x}{10}\right)^3 ; 0 \leq x \leq 10$
매우불량	매우 작다	매우 높음	$\left(\dfrac{10-x}{10}\right)^6 ; 0 \leq x \leq 10$

[표 13] 언어학적 변량에 대한 퍼지 집합의 속도

(4) 확률적 분석 기법

가. 몬테카를로 시뮬레이션 기법

나. 베이지안 기법

다. 퍼지이론

라. Value at Risk(VaR)

마. Earnings at Risk(EaR)

바. 민감도 분석

가. 몬테카를로 시뮬레이션 기법

불확실성을 갖는 시스템 문제의 각 구성 요소들의 변수에 대해 확률적 특성을 고려할 수 있는 알고리즘으로 통계적인 데이터로부터 정량적으로 위험도를 추정하기 어려운 경우 관련 과거 자료, 전문가의 경험, 판단 같은 정성적 선험자료를 바탕으로 추정된 통계적 불확실량과 확률적 위험도를 제한된 현장조사, 시험결과를 바탕으로 갱신하여 추정하는 기법이다.

나. 베이지안 기법

이용 가능한 정보가 제한되어 있고 주관적인 판단이 필요한 경우에 있어서 직관과 경험에 기초를 둔 주관적 판단과 실험, 샘플링 등의 간접적 정보를 이용하여 사전 확률을 갱신하는데 유용하며, 기본 랜덤 변량의 모수값을 알고 있을 때 사전 확률을 갱신하여 사후 확률을 구하는 효과적인 기법이다.

다. 퍼지이론

매우 다양한 불확실성이 문제의 정의, 요소들의 평가 상대적인 값의 정의 그리고 해석 과정상에 내재되어 있는 모호함과 주관적인 평가를 정량적으로 변환하는 데 유용하다.

끝으로 확률적 기법에서 사건의 추이를 분포하고 이를 바탕으로 사건에 따른 발생가능성 및 영향도를 평가하는 기법은 at-risk(Value at Risk(VaR), Earnings at-risk(EaR) 등) 모델이 있으며, 비확률 기법인 사건의 발생 가능성은 고려하지 않고 분포를 가정해서 잠재적인 사건의 영향을 측정하는 기법인 민감도 분석(sensitivity analysis) 등이 있다.

라. Value at Risk(VaR)

Value at Risk(VaR) 모델은 그림 5-14와 같이 각 항목이나 항목군의 값의 변동이 분포를 갖고 있음을 가정하는데, 이는 특정기간 동안 주어진 신뢰수준을 벗어나지 않는다는 가정이다. VaR는 드물게 발생하는 항목 값의 변화의 극한치를 측정하는데, "95% 또는 99% 신뢰구간 내에 발생하는 손실율의 측정" 등의 형식으로 표시된다. 기업의 경영진은 설정된 리스크 허용한도를 바탕으로 신뢰수준 및 리스크 평가에 적용되는 기간을 결정한다.

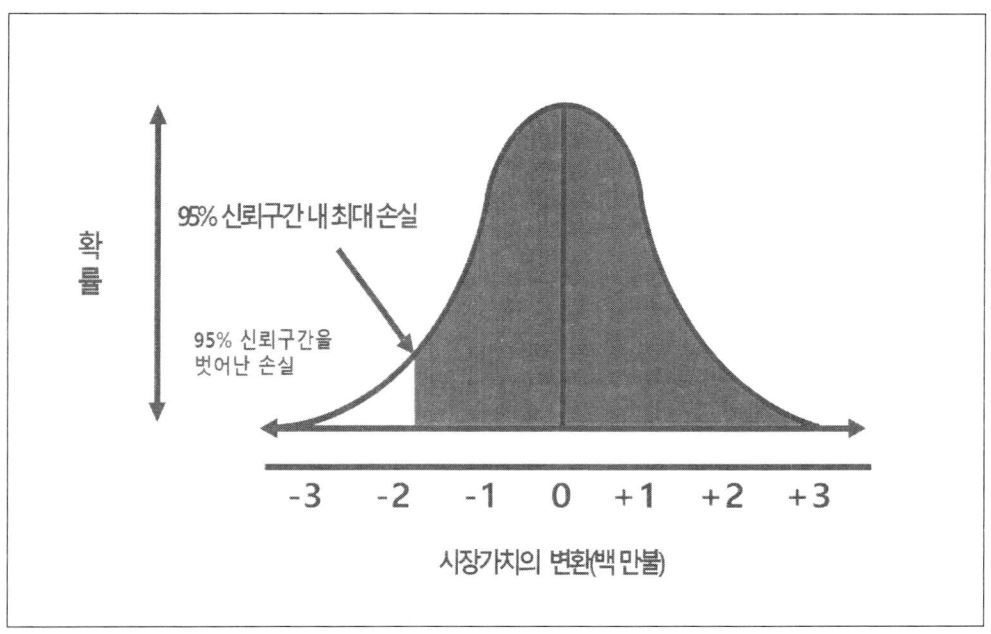

[그림 5-14] (Market) Value at Risk 예

마. Earnings at Risk(EaR)

Earnings at Risk는 그림 5-15와 같이 일정기간 동안 정의된 신뢰구간에서 조직 및 업무분석의 이윤의 변동을 측정하며, 이윤의 변동추이는 분포를 가지고 있음을 가정한다.

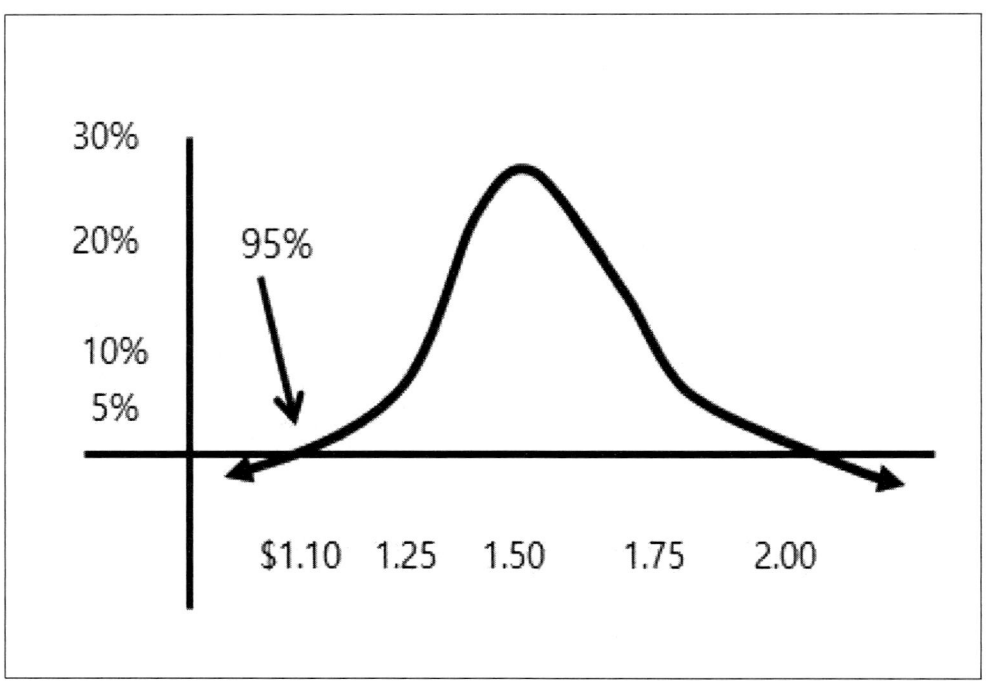

[그림 5-15] Earnings at Risk (EaR) 예

바. 민감도 분석

민감도 분석은 보통의 상태에서의 영향도 또는 잠재적 사건이 발생할 때의 영향도를 평가하는데 사용된다. 민감도 분석은 계산이 상대적으로 용이하기 때문에 종종 확률 기법을 보완하는데 사용된다.

민감도 분석 예는 그림 5-16과 같다.

- 운영 측정치, 즉 고객 센터의 대응 시간이나 불량품 수가 매출액의 변화에 미치는 영향

- 베타를 이용한 증권 분석, 주식의 베타는 전체 시장 포토폴리오나 S&P 500 지수와 같은 대용치의 변동에 대한 개인 주식의 변동 비율을 나타낸다.

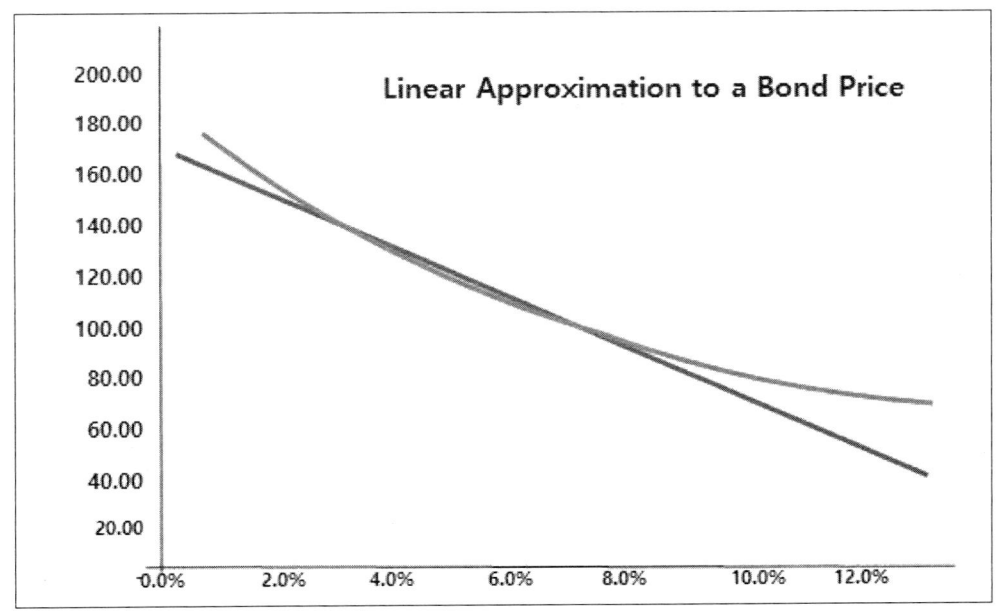

[그림 5-16] 민감도 분석

(5) 예상손실

조직의 위기관리의 한 분야인 리스크 분석에서 리스크를 산정할 때 한 요소인 위험 발생으로 인한 예상 손실(expected loss)을 계량적으로 산출하는데 활동 원가 분석 기법은 적용할 수 있어 그 기법을 소개한다.

활동기준원가(ABC : activity based costing)란 "제조 간접비를 각 제품에 배분할 때 직접 노동시간과 같은 작업도 기준이 아닌 기업 조직상 각 부서에서 수행되고 있는 제반 활동들을 기준으로 배분하는 회계시스템"을 말한다. 즉, 활동기준원가는 원가를 발생시키는 모든 활동(activities)에 대한 체계적인 분석을 통하여, 먼저 각 활동별로 원가가 발생하는 원인을 추적·규명하고 당해 활동의 총 원가를 계산하여 이를 각 상품에 배분하여 최종적인 원가를 산출하며, 더 나아가 비부가가치적인 활동들을 제거하도록 유도하는 원가회계시스템을 말한다.

활동기준원가는 자원(resource), 활동(activity), 원가대상(cost abject), 자원동인(resource driver), 활동 동인(activity driver)의 5대 요소로 구성되어 있다. 자원은 활동을 수행하기 위하여 사용되거나 소비되는 경제 요소로서 일반적으로 총계정 원장 상의 비용 또는 원가항목이다. 활동은 기업 내에서 수행되는 일 또는 일의 집합으로 정의할 수 있는데, 특정 목적 달성을 위해 수행되는 일련의 활동 집합을 프로세서라고 한다. 원가대상은 최종적으로 원가를 산정하고자 하는 측정대상을 말하며, 보통 제품이나 서비스를 의미한다. 자원 동안은 활동에 의하여 소비되는 자원의 양을 측정하기 위한 기준으로 정의되며 자원을 활동별로 할당하여 활동원가를 산출하기 위한 것으로서 소비된 자원, 즉 원가와 활동과의 인과관계에 의해 결정된다. 활동 동인은 원가 대상에 의해 소비되는 활동의 양을 측정하기 위한 기준으로 활동원가를 원가대상으로 할당하기 위해 사용된다.

활동기준원가를 실행하는 절차는 활동분석, 활동별 원가 파악, 원가 동인 결정, 제품 원가의 계산이다.

활동분석은 활동의 원가와 성과를 보다 정확히 측정하기 위한 기초가 되며 이를 통해 보다 정확하게 원가계산 결과를 산출할 수 있고, 기업의 영업과정(조직의 업무 수행 활동)을 개별적인 세부 활동으로 나누어 분석함으로써 활동이 어떤 자원을 사용하는지 그리고 기업(조직)의 목표 달성에 기여하는지를 파악하도록 해준다. 그리고 활동의 성과보다 개선할 수 있는 원가를 제공해준다.

활동별 원가파악은 활동을 분석한 뒤에는 개별 활동별 원가를 파악해야 하며 이것은 개별 활동을 수행하는데 필요한 모든 원가의 자원을 추적함으로써 얻을 수 있다. 원가동인의 결정은 원가를 발생시키거나 또는 발생정도에 영향을 미치는 요인을 결정하는 것이다. 제품 원가의 계산은 활동원가를 활동수량으로 나누어 활동의 단위당 원가를 계산한 뒤 여기에 원가동인에 의하여 개별 제품이 소비한 활동의 수량을 곱하여 개별 제품별 원가를 계산한다.

활동기준원가보다 정확한 원가계산 결과를 산출할 수 있도록 하며, 비능률적인 요소를 제거하거나 원가절감을 가능하게 한다.

(6) 예상손실 산정

위험이 발생 시 정량적으로 손실액을 추정하기 위해서는

- 비즈니스 프로세서 중단으로 인한 손실금액
- 재고자산을 의미하는 유동자산 유실로 인한 손실금액
- 고정자산 피해로 발생하는 손실금액
- 무형자산인 브랜드 가치 상실로 인한 손실금액을 계산해서 총계해야 한다.

그림 5-17은 정량적으로 손실을 추정하는 모델을 보여준다. 직접적으로 비즈니스 프로세서 중단되는 경우도 있지만 유동자산과 고정자산 피해로 인하여 간접적으로 비즈니스 프로세서가 중단되는 사례도 있다. 각 요소의 상실 및 피해로 말미암아 발생되는 총 손실금액은 곧 자금의 감소를 의미하게 된다. 네가지 분야의 손실금액을 추정하는 방법은 다음과 같다.

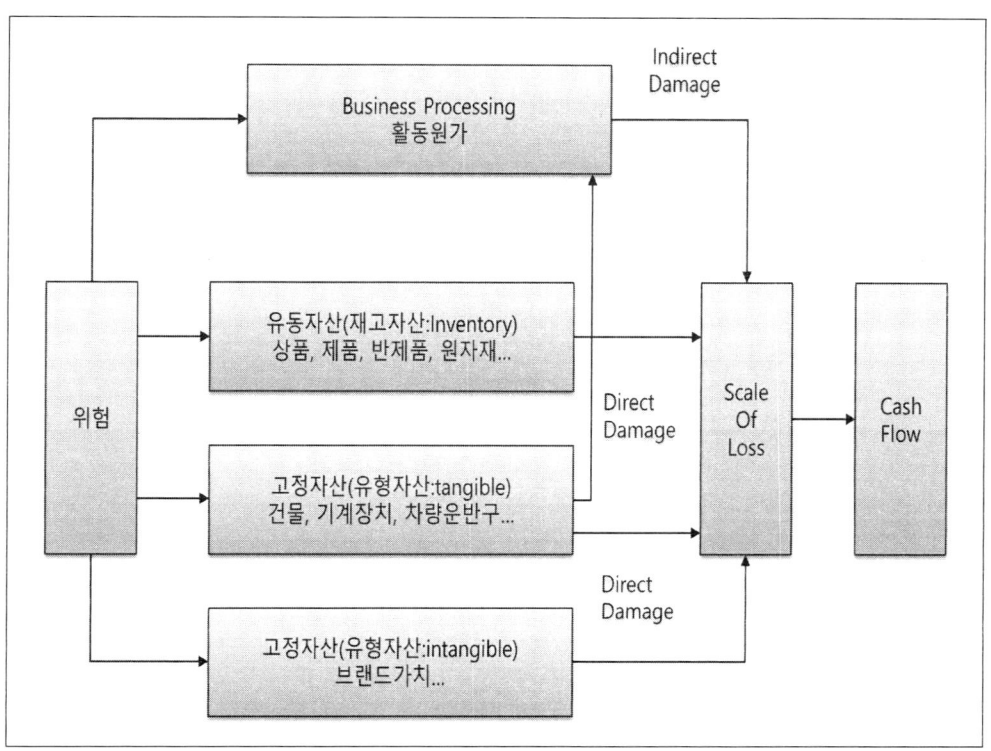

[그림 5-17] 정량적 예상손실 산정 모델

가. Business Processing 평가

활동기준 원가 계산은 기업의 프로세스와 활동이 고객의 요구사항에 효과적이고 효율적으로 대응할 수 있도록 개선하기 위한 기법으로 제품별, 서비스별, 프로세스별, 활동별, 유통경로별, 고객별, 프로젝트별 등으로 계산하여 정확한 원가와 수익성 정보를 측정, 분석하는 기법이다.

제품별 등 성과를 산정하기 위해서는 5대 요소를 모두 고려하지만 활동원가계산인 경우 자원, 활동, 그리고 자원동인 요소를 이용한다. 활동원가계산은 3단계로 구분되는데, 첫 번째 단계가 자원분석이다. 구성하고 있는 급여, 여비, 임차료 등과 같은 원가 요소들은 손익계산서에서 가져온다.

다음은 단계별 활동원가 분석 절차이다.

① 1 단계 : 자원분석

② 2 단계 : 활동 및 자원동인 분석

③ 3 단계 : 활동원가 계산

① 1 단계 : 자원분석

(단위 : 원)

원가요소	원가
1. 급여 및 상여금	3,402,617,596
2. 수도광열비	35,893,373
3. 전산유지비	167,461,444
4. 여비교통비	258,989,389
5. 지급임차료	264,600,000
합계	4,129,561,802

[표 14] 자원분석

② 2 단계 : 활동 및 자원동인 분석

우선 비즈니스 프로세스에서 활동으로 분해를 한다. 예로 생산 프로세스는 공정계획, 제품제조, 품질관리로 나누어지며, 다시 제품제조는 제조오더생성, 자재출고, 조립, 포장 등으로 분해된다. 프로세스를 활동으로 분해를 한 후 1단계에서 분석된 자원을 참고로 자원동인을 설정한다.

예로 급여와 상여금은 활동별 인원수, 수도광열비는 전력소비량, 지급임차료는 활동별 점유 면적율을, 여비교통비는 직접 귀속이 가능한 활동별 실제 발생액을 자원동인으로 설정한다. 다음 표에서 생산계획수립 활동에는 5명의 인원 투입과 250kw의 전력소비, 3대의 단말기 보유, 560만원의 여비, 그리고 4천 평방의 면적을 활용이라는 자원을 사용하고 있다.

③ 3 단계 : 활동원가 계산

세 번째 단계가 활동원가계산이다. 다음 표 15에서 생산계획수립 활동의 원가 산출을 예로 들어보자. 이 활동의 급여부분 원가계산은 1단계에서 제시된 급여 및 상여금 금액과 2단계에서 전체 149명 중 5명이 할당된 내용을 가지고 계산하면 된다.

3,402,617,596원 x 5/149 = 114,181,799원 (급여/상여금)

35,893,373원 x 250/8958 = 1,001,713원 (수도광열비)

167,461,444원 x 3/30 = 10,746,144원 (전산유지비)

258,989,389원 x 5600/14600 = 99,338,396원 (여비교통비)

264,600,000원 x 4/142 = 7,103,356원 (지급임차료)

활동			자원동인				
			급여/상여금	수도광열비	전산 유지비	여비교통비	지급임차료
Process	Progress of work	Activity	인원수	전력 소비량	단말기 보유대수	직접귀속	면적
			(명)	(KWH)	(개)		(평방)
생산	공정계획	생산계획수립	5	250	3	5,600,000	4
	제품제조	제조오더생성	7	360	3		6
		제조오더지시	6	170	4		5
		자재출고	21	387	3	9,000,000	18
		설비 set-up	3	529	2		5
		조립(부품조립, 완제품조립)	45	3002	1		48
		포장	28	2033	1		26
	품질관리	생산실적 입력	12	252	6		11
		품질검사대기 제품입고	15	1563	4		13
		품질판정	7	412	3		6
합계			149	8,958	30	14,600,000	142

[표 15] 활동원가 계산

따라서 생산계획수립 활동 원가는 위 다섯 가지 원가 요소 금액을 합한 238,371,407원이다. 결론적으로 제품 제조의 자재출고 활동이 리스크로 인하여 중단될 경우 6억8천9백만원 정도의 손실 발생이 추정된다.

원가를 활동이나 원가대상으로 할당할 때 직접적인 인과관계를 갖는 측정치가 존재하지 않을 경우 임의적 기준을 사용하여 원가를 할당하는 절차를 간접비 할당이라 하는데 표 16은 ABC방법을 이용하여 간접비 배분방법에 준하여 업무 프로세스별로 간접비를 배부한다. 그리하여 리스크 발생시의 업무 프로세스별 손실액을 추정할 수 있다.

활동			원가요소					
Process	Progress of work	Activity	급여/상여금	수도광열비	전산유지비	여비교통비	지급임차료	활동원가
생산	공정계획	생산계획 수립	114,181,799	1,001,713	16,746,144	99,338,396	7,103,356	238,371,407
	제품제조	제조오더 생성	159,854,518	1,442,466	16,746,144	0	10,655,034	188,698,162
		제조오더 지시	137,018,158	681,165	22,328,193	0	8,879,195	168,906,710
		자재출고	479,563,554	1,550,651	16,746,144	159,650,993	31,965,101	689,476,444
		설비 set-up	68,509,079	2,119,624	11,164,096	0	8,879,195	90,671,994
		조립 (부품조립, 완제품조립)	1,027,636,187	12,028,567	5,582,048	0	85,240,268	1,130,487,071
		포장	639,418,072	8,145,928	5,582,048	0	46,171,812	699,317,860
	품질관리	생산실적 입력	274,036,316	1,009,727	33,492,289	0	19,534,228	328,072,560
		품질검사 대기 제품입고	342,545,396	6,262,708	22,328,193	0	23,085,906	394,222,203
		품질판정	159,854,518	1,650,823	16,746,144	0	10,655,034	188,906,519
합계			3,402,617,596	35,893,373	167,461,444	258,989,389	252,169,128	4,117,130,930

[표 16] 간접비 배분방법

나. 유동자산 평가

기업은 매 거래마다 입출금을 정리하여 그 기업의 상품 등의 재고파악을 실시간으로 파악할 수 있다. 또한 그 금액은 대차대조표에 그대로 반영되어 있으므로 어떤 재난이 발생하게 될 때의 손실액을 직접적으로 도출할 수 있다. 다음 표 17은 재고자산의 예를 보여준다.

(단위 : 원)

상품	2,318,449,700
제품	890,197,717
재공품	372,670,183
원재료	1,096,008,181
포장재료	232,083,091
저장품	17,943,591
미착상품	177,943,591
미착원재료	258,787,133
재고자산합계	5,620,077,891

[표 17] 유동자산 평가

다. 고정자산 평가

기업은 매 일정기간이 지나면 그 시점에서 자산의 평가액을 대차대조표를 작성하므로 예상되는 위험이 발생하였을 때의 추정치를 산출해낼 수 있다. 다음 표 18은 고정자산 중 유형자산 가치들을 보여주는데, 위험 평가 시에는 감가상각액을 제외한 값으로 손실 규모를 표현하며 그리고 토지 값은 제외된다.

(단위 : 원)

토지		3,954,641,150
건물	5,637,962,660	
감가상각누계액	1,523,700,563	4,114,262,097
구축물	1,178,891,672	
감가상각누계액	563,119,360	615,772,312
기계장치	14,062,207,558	
감가상각누계액	12,200,710,462	1,861,497,096
차량운반구	820,305,367	
감가상각누계액	643,090,457	177,214,910
공기구비품	4,410,808,908	
감가상각누계액	3,747,781,580	663,027,328
유형자산 합계		11,386,414,893

[표 18] 고정자산 평가

라. 브랜드 가치의 평가

무형고정자산의 평가를 함에 있어서는 기업가치 인식의 기준이 순 자산이나 회계적 이익에서 현금흐름으로 변화된 시대적 흐름에 맞추어 DCF (discounted cash flow)모형 등의 새로운 평가기법에 의해 기업 가치를 보다 현실적으로 평가하고 있다.

Discount Cash Flow 방식이란 기업의 장래의 캐시 플로우를 적당한 할인율로 현재가치로 환원하여 평가액을 산정하는 방법이다. 기업활동의 결과 얻어지는 n년 후의 캐시 플로우는 그 기업을 둘러싼 시장환경, 기업활동을 반영하고 있는 것으로 n년 후라고 하는 장래, 결국 시간적 요소도 감안하고 있다는 점에서 이 방법은 뛰어나다.

소득적 접근 (절대가치평가법), 재무적 접근방법, 시장접근방법, 비용접근 방법을 이용하여 브랜드의 자산가치를 평가할 수 있다. 그 중에서 소득적 접근 방법은 브랜드 자산이 창출하는 미래 수익에 근거한 가치를 산정하기 때문에 미래 예상되는 기대수익을 예측할 수 있다. 그러나 미래가치의 예측, 브랜드 기여도 분석 등의 자의성 및 오차가 개입된다.

소득적 접근 방법 중 하나인 총이윤을 이용한 평가방법인 할인현금수지모델(DCF)은 현금흐름의 모든 항목 들을 담고 있기 때문에 소득과 경기 중 어느 한 가지 항목의 변화에 대해서도 적절하게 반영할 수 있으며 운전자금이나 소요되는 투자금액 등도 분석과정에 반영시킬 수 있는 장점이 있다. 아래 모델은 매년의 소득을 현재 가치로 환원하여 현재시점의 순 현재 가치를 구하는 것이다.

$$V = \sum_{k=1}^{n} PV_k, \qquad PV_k = CF_k / (1 + R_k)^k$$

V : 미래 현금흐름의 현재가치의 총합계
PV_k : k년도의 현재가치
CF_k : k년도의 현금흐름
R : 할인율

2003년도 현금흐름을 22,836,335원으로 그리고 할인율 4.5%로 가정할 때, DCF 방법에 의한 브랜드 가치 평가의 예는 표 19와 같다.

① 2003년도 : 22,846,835 / (1+4.5%)   = 21,863,000

② 2004년도 : 22,846,835 / (1+4.5%) exp 2 = 20,921,531

③ 2005년도 : 22,846,835 / (1+4.5%) exp 3 = 20,020,604

④ 2006년도 : 22,846,835 / (1+4.5%) exp 4 = 19,158,473

⑤ 2007년도 : 22,846,835 / (1+4.5%) exp 5 = 18,333,467

결론적으로 하나의 위험이 2003년도 브랜드 자산에 피해를 주었을 때 2천 1백만원 정도의 매출액 감소로 가정하여 손실금액을 추정하게 된다.

(단위 : 원)

년도	2003	2004	2005	2006	2007
현금흐름	22,836,335	22,836,335	22,836,335	22,836,335	22,836,335
분배가능 브랜드자산	21,863,000	20,921,531	20,020,604	19,158,473	18,333,467

[표 19] DCF방법에 의한 브랜드 가치 평가의 예

예산손실 산정 작업은 위기관리 담당자가 전문가 등을 활용하는 것이 좋지만 산정 결과에 있어서는 위기관리 담당 책임자가 책임을 가려야만 하는 업무이다. 또 결과에 관해 합리적으로 설명할 수 있어야 한다.

요약하면 리스크 산정에서는 지정된 리스크에 관해 피해정도(예상손실)와 일어나기 쉬운 정도(위험 발생 확률)를 합리적으로 설명(정량적 또는 정성적 지표)하는 것이 과제이다.

2. 리스크 평가

조직에서 지정되는 리스크들을 정성적 혹 정량적 방법으로 산정하여 위험 발생확률과 영향의 크기(예상손실)의 결과에 따라 2차원 테이블에 분포 시킨다. 리스크의 분포도를 바탕으로 리스크에 관한 우선순위를 부여한다. 일반적으로 확률과 예상손실이 높을수록 그 리스크는 조직에서 우선 관리대상이 된다. 리스크의 평가에 따라 다음에 설명할 리스크 관리 정책이 결정된다. 즉 리스크의 평가 결과는 리스크 관리에 중요한 투입(input) 값에 해당된다.

프로세스	리스크	고유리스크			기존통제 수단	잔존리스크			통제효과	리스크 성향
		발생가능성 (P1)	영향크기 (I1)	리스크수준 (P1*I1)		발생가능성 (P2)	영향크기 (I2)	리스크수준 (P2*I2)		
	전화요청 점수불가	3	2	6	없음	3	2	6	0	0
1차응대	1차응대오류	3	2	6	고객응대 교육의무 24시간 수료	2	2	4	2	2
	요청사항 통보불가	3	2	6	주기적 시설점검	1	2	2	4	4

리스크 기술 | 고유리스크 평가 | 기존통제 방법기술 | 잔존리스크 평가 | Risk Appetite

[그림 5-18] 리스크 매트릭스의 수준 결과의 예

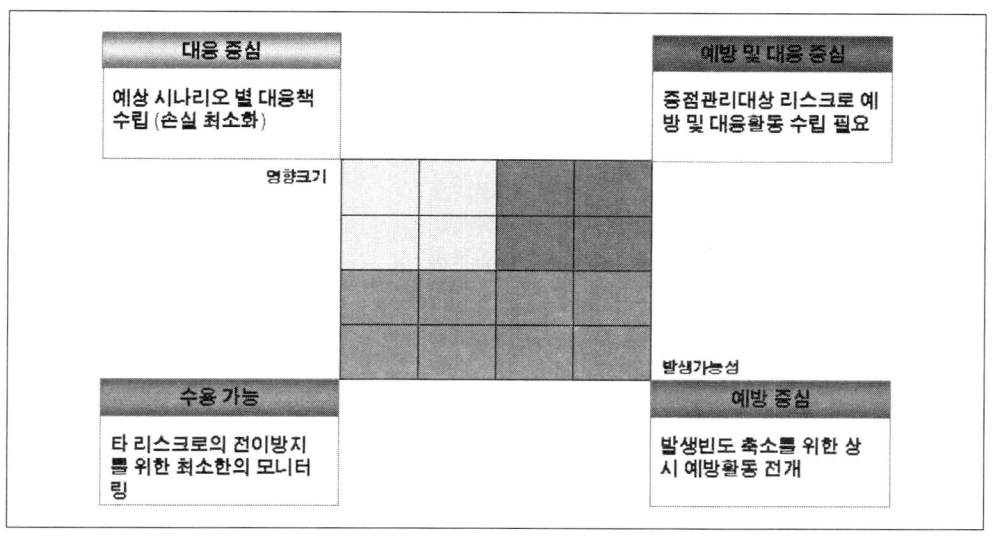

[그림 5-19] 평가결과에 따른 정책 방향

3. 리스크 분석

리스크 분석은 시스템에 존재하고 있는 잠재적 위험들을 찾아내고 리스크 발생확률에 영향의 크기 관점에서 리스크들에 대해 등급을 부여하는 일이다.

따라서 다음과 같은 질문 사항들이 제기되며 이 질문에 답하는 것이 바로 리스크 분석이다.

① 리스크 존재 : What can go wrong?

② 발생 확률 : What is the likelihood that is would go wrong?

③ 결과 : What are the consequences if it goes wrong?

구체적으로 세 가지 질문에 대답을 제공할 수 있도록 도움을 주는 방법론(methodology)은 다음과 같다.

첫째, 시스템을 정의하는 것이다. 여기서 시스템을 넓게는 국가기관, 지자체, 공공기관, 기업에서 좁게는 인적 자원, 정보 자원, 장비, 시설, 업무 운영에 이르기까지 모든 대상을 가리킨다. 이 시스템과 관련 있는 위험(hazard)들과 그리고 위험에 대해서 시스템의 어느 부분이(혹 전체) 역반응을 일으키는가(vulnerability)를 이 단계에서 찾아낸다. 리스크 분석에서 리스크 발견과 리스크 지정 부분이 이에 해당된다.

둘째, 사고(accident)의 경과 순서를 기술한다. 사고의 각 단계 즉 전개 과정을 보면 그림 5-20과 같다. 예로, 첫 번째 단계에서의 기상 상태나 장비 결함으로 인하여, 두 번째 단계에서 유조선의 좌초를 유발하였고, 세 번째 단계에서 그로 인하여 원유가 바다로 유출되어, 네 번째에서 그 결과 자연 환경에 피해를 가져오게 되었다.

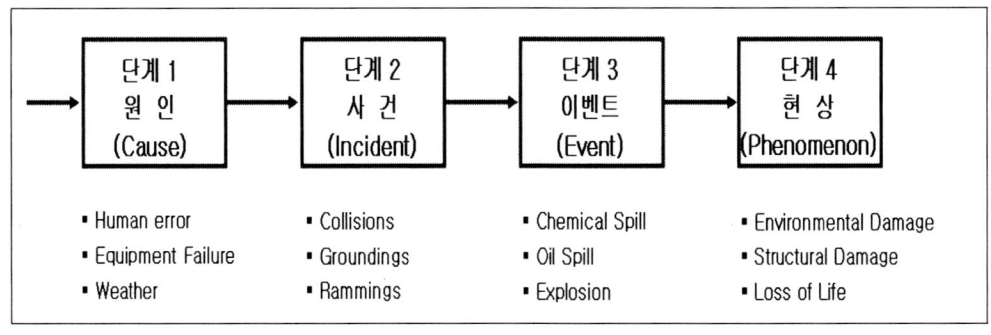

[그림 5-20] 사고의 경과 분석

여기서 첨언 할 것은 사건(incident)과 사고(accident)를 구별한다. 사건은 물리적으로 시스템의 일부가 파괴되어, 파괴된 부분만 단순히 수선하면 된다는 개념이다. 예로, 자동차의 타이어가 결함이 생겨 운행하지 못하면 타이어만 교체하면 자동차라는 시스템은 운영된다. 해양과 관련해서 배의 기관손상, 이동성 저기압과 같은 해양기상, 항해사의 근무태만 등과 같은 요인들로 배가 좌초, 충돌 등과 같이 예기치 못한 상황이 발생함을 의미한다. 사고는 물리적으로 전체 시스템이 파괴되어 시스템 운영이 중지되는 의미를 가지고 있다. 예로 화재로 인하여 공장이 전소하면 생산이 중지된다. 해양에서 폭발, 기름유출 등으로 인하여 환경, 생태계, 재산피해 등 손실발생까지 말한다.

원인, 사건, 이벤트 단계를 논리적으로 알기 쉽게 전개하는 테크닉에는 Fault Tree, Event Tree 그리고 Influence Diagram 세 가지가 있다. Event Tree는 시간경과와 더불어 리스크가 확대해 가는 과정을 분석하려고 하는 것에 대해서 Fault Tree는 어떤 이벤트(Event)에 관하여 그것이 발생한 원인을 밝혀내려 하는 것이다. 이 분석 기법들은 정량적으로 문제가 해명되지 않더라도 사고의 연쇄가 인식되는 것만으로도 도움이 된다. 또한 이 방법들은 복잡한 시스템 혹은 조직에 돌연히 습격할 여러 가지 위험을 예지하는 데는 매우 편리한 방법이다. Influence diagram은 문제를 구조화하는데 훌륭한 도구로서 개념적으로 이해하기 쉽고 또한 대규모 문제들을 간결하게 표현하는데 유용하다. Fault Tree가 AND 혹 OR Gate를 이용하여 기술하듯이 Influence Diagram도 Square, Circle, Rounded Rectangle, Double Circle 그리고 Arc라는 도형을 이용하여 기술한다.

그림 5-21는 선박의 사건(incidents)에 대한 원인(cause)들을 규명하는 데 이해하기 쉽게 표현한 Influence Diagram이다.

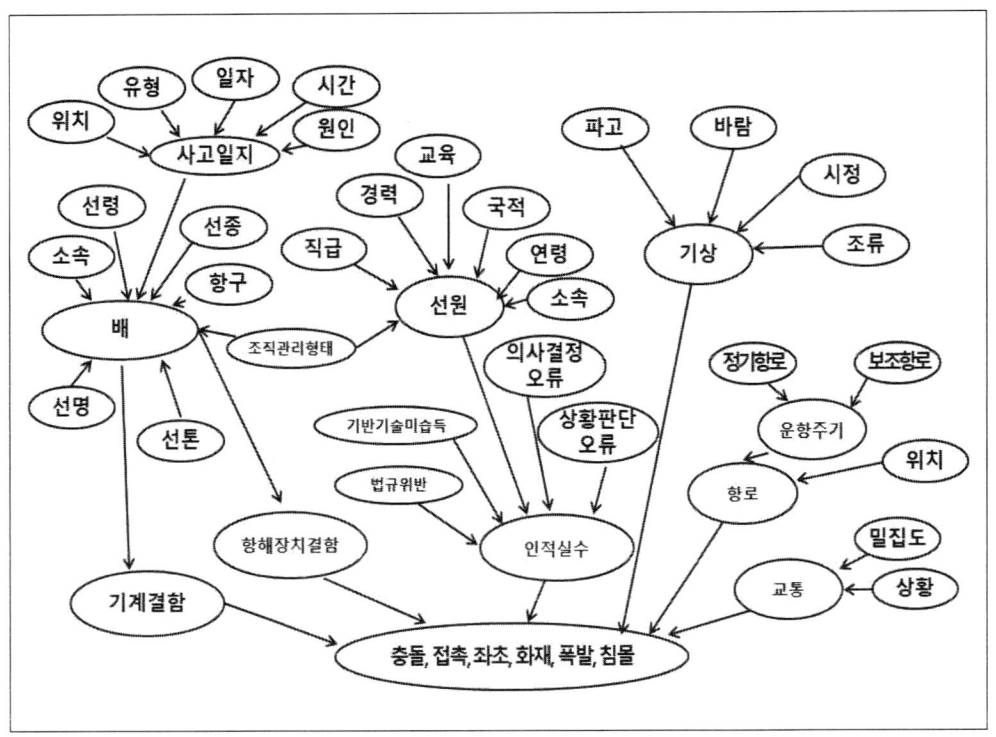

[그림 5-21] Influence Diagram의 예

리스크 분석 방법론의 세 번째 과정은 결과 분석이다. 그림 5-20에서 세 번째 단계를 가리키는 것으로 이벤트로 인한 현상이 벌어지는데, 이벤트(일련의 사건을 의미하며, incident는 단절된 사건을 의미)가 발생할 가능성(확률로 표현)과 이벤트의 크기 즉, 이벤트로 인한 손실규모 혹 피해 규모를 산정하는 것이다. 산정 방법은 앞 절의 리스크 분석 중 리스크 산정을 참조하기 바란다. 리스크의 값에 따라 우선순위를 부여하는 것으로 리스크 분석 절차를 마감한다.

제 6 절 리스크 대응

1. 리스크 대응의 정의

리스크 대응이란 리스크 규명 및 평가 결과를 토대로 구체적인 대응 전략을 마련하는 것이며 리스크 매니지먼트(RM) 프로세스의 가장 핵심적인 활동이다.

2. 리스크 대응 방법의 종류

리스크 대응 방법의 종류는 그림 5-22와 같이 네 가지로 분류한다.

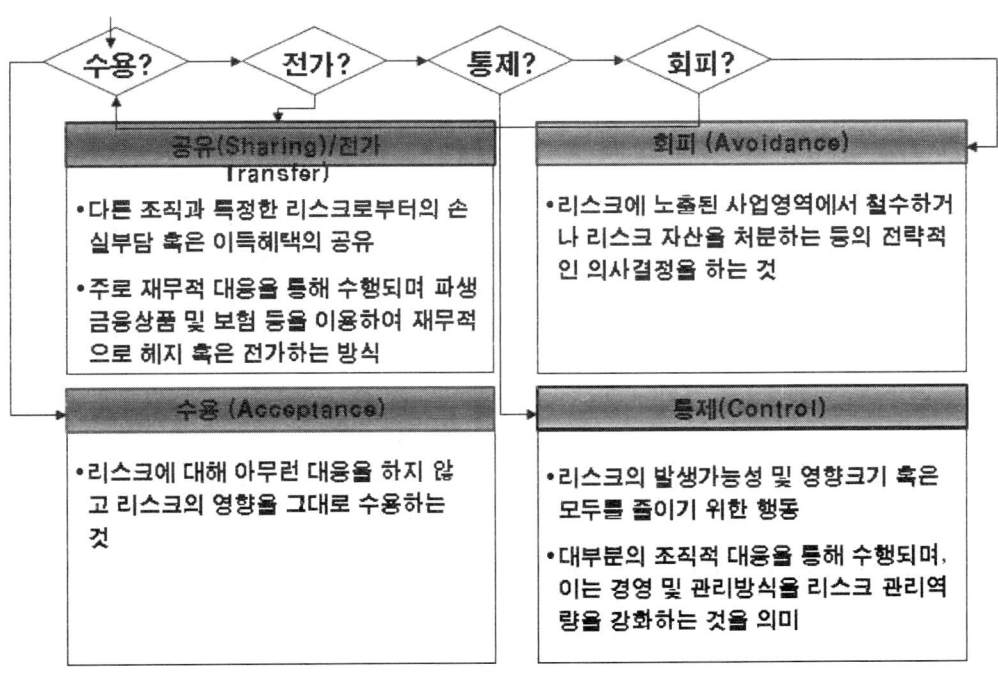

[그림 5-22] 리스크 대응 방법의 종류

3. 리스크 대응 프로세스

리스크 대응 프로세스는 그림 5-23과 같이 네 가지로 분류한다. 즉, 대응 방안 규명과 대응 방안 평가, 대응 계획 준비, 대응 계획 실행이다.

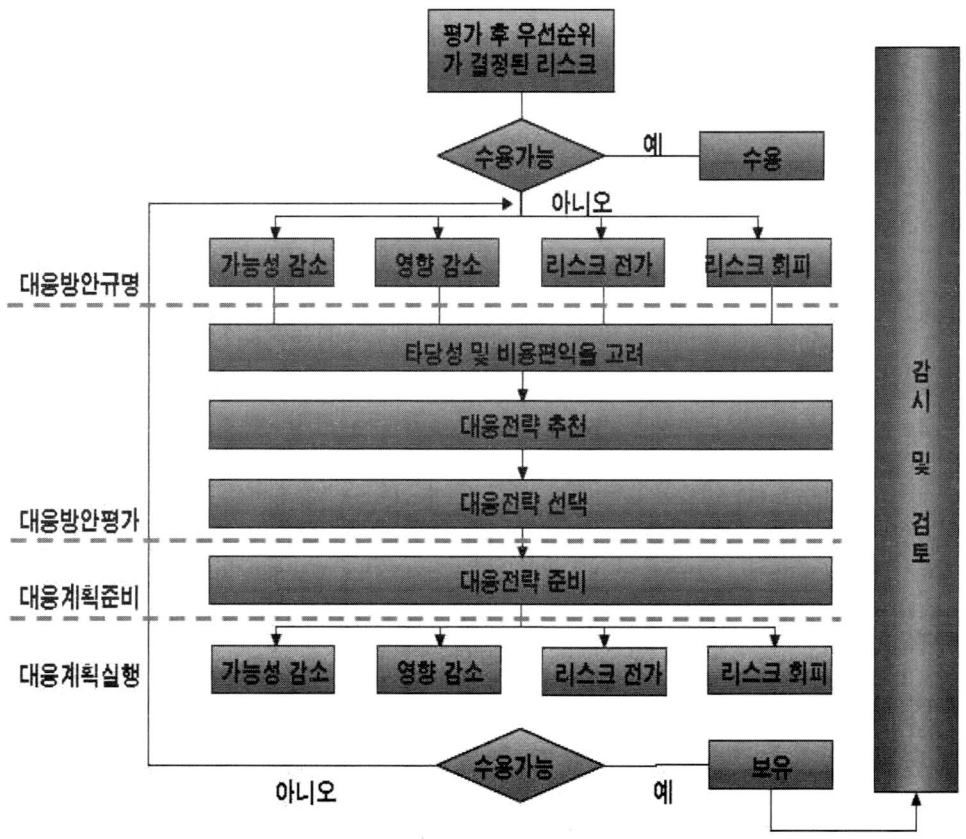

[그림 5-23] 리스크 대응 프로세스

제 7 절 리스크 통제

1. 통제활동 개요

통제 활동은 경영자로 하여금 리스크 대응이 실행되고 있다고 확신하게 해주는 정책 혹은 절차로서 조직 전반에 걸쳐 수행된다. 통제활동에는 승인·업무권한·검증·대사·업무수행 결과에 대한 검토·자산의 보호·업무 분장 등과 같이 다양한 활동이 포함된다.

통제 활동은 직접적으로 또는 기술을 응용함으로써 정책을 수행하기 위한 사람의 활동으로, 경영진에게 리스크 대응이 원활히 수행되고 있다는 확신을 준다. 이러한 통제 활동은 기업의 목표 즉, 전략·운영·보고·법규준수를 기준으로 나누어 볼 수 있다. 어떤 통제 활동은 오직 하나의 범주와 관련이 있을 수도 있지만, 때때로 중첩되는 부분도 있다. 상황에 따라, 어떤 특정 통제활동은 여러 범주의 기업 목표를 충족시키도록 도와준다.

예를 들면, 특정 운영통제는 재무보고가 믿을 수 있다고 확신하게 함과 동시에 법규를 준수하게 하는 것이다. 통제활동은 리스크 대응이 효과적으로 수행되기 위한 정책(Policy)과 절차(Procedure)를 의미하며 조직내 모든 수준에서 이루어진다. 그 개념을 살펴보면 다음 그림 5-24와 같다.

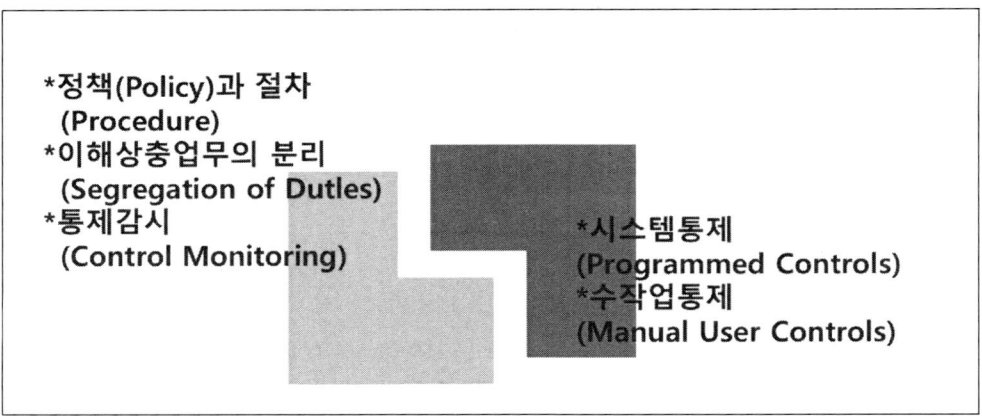

[그림 5-24] 통제활동 개념

2. 리스크 대응과의 통합

경영자는 리스크 대응을 선택한 후에 리스크 대응이 적절하고 적시에 수행되고 있음을 보장하는 통제 활동을 식별한다.

목표·리스크 대응·통제 활동의 통합의 예를 살펴보자. 기업은 현재 또는 잠재적인 고객 수요 등의 외부 요소에 관한 충분한 정보를 얻지 못할 리스크를 식별하면서, 판매 목표를 설정한다. 이때, 리스크의 발생가능성과 영향을 감소시키기 위해 경영자는 현 고객의 구매 기록을 검토하고 새로운 시장에 대한 조사를 수행한다. 그리고 이러한 리스크 대응과 함께 기간별 소비자 구매 패턴의 변화 과정을 추적하고 데이터의 정확도를 확인함으로써 통제 활동을 함께 수행하게 된다. 이러한 의미에서, 통제 활동은 경영 프로세스를 직접 설계하는 것과 동일하다.

경영자는 통제 활동을 선택할 때 통제 활동이 서로 어떤 관계를 가지고 있는지를 고려한다. 특정 상황에서는 하나의 통제 활동이 다양한 리스크 대응에 사용될 수 있다. 다른 경우에는 하나의 리스크 대응을 위해 다양한 통제 활동이 필요한 경우도 있다. 그리고 현재의 통제 활동이 경영자에게 새로운 리스크 대응이 효과적으로 작동하고 있다는 확신을 줄 수도 있다.

통제 활동은 일반적으로 리스크 대응이 적절히 수행되고 있다고 확신하기 위해 수립되나, 통제활동 그 자체가 리스크 대응이 될 수도 있다. 예를 들어, 특정 거래가 타당한 승인을 받았는지 확신하는 것이 목표라면 업무 분장 혹은 상급자에 의한 승인과 같은 것이 통제 활동이 될 것이다.

리스크 대응 선택 시 적절성과 잔여 리스크 등을 고려하는 것처럼, 통제 활동을 선택하거나 검토 할 때에는 리스크 대응 및 관련 목표와의 연관성과 적절성까지 고려해야 한다. 이는 통제 활동의 적절성만 분리하여 고려하거나, 리스크 대응 및 해당 통제 활동과 관련된 잔여 리스크를 고려함으로써 수행될 수 있다.

통제 활동은 기업의 목표달성 프로세스에 있어서 중요한 부분이다. 통제 활동은 단지 활동 그 자체만을 위해서 수행되는 것이 아니며, 해당 활동이 "정당하거나 적절한 것" 같기 때문에 수행되는 것도 아니다. 위의 예에서와 같이 경영자는 판매 목표를 달성하기 위해 어떠한 조치를 취해야 하는 것이다. 이 때, 통제 활동은 그 목표를 달성하도록 관리하기 위한 메커니즘으로서의 역할을 수행한다.

3. 통제 활동의 유형

수많은 다양한 유형의 통제 활동이 수립되어 있으며 이에는 예방·적발·교정·컴퓨터·관리통제 활동 등이 포함된다. 통제 활동은 또한 데이터 처리의 완전성과 정확성 확보 같은 특정 목표에 따라 분류될 수 있다.

통제 활동의 유형은 예방통제(Preventive Control), 적발통제(Detective Control), 관리통제(Management Control)의 세가지로 분류할 수 있다. 그 통제 활동의 유형을 살펴보면 그림 5-25과 같다.

예방통제 (Preventive)	적발통제 (Detective)	관리통제 (Management)
· 리스크의 발생을 예방하는 통제 · 패스워드 관리 · 리스크 발생가능성을 감소 · 리스크 영향크기는 변동 없음	· 발생한 리스크를 사후적으로 인지하는 통제 · DB 대사시 에러메시지 출력 · 리스크 발생 가능성을 감소 · 리스크 영향크기는 변동 없음	· 리스크의 영향을 감소시키는 통제 · DB 백업 · 리스크 발생가능성은 변동 없음 · 리스크 영향 크기를 감소

[그림 5-25] 통제활동의 유형

다음은 일반적으로 적용되고 있는 통제 활동이다. 이것은 회사의 실행 계획을 수행하고 조직목표를 달성하기 위하여 다양한 계층의 직원들에 의해 수행되는 절차 중 극히 일부분이다. 그리고 이 예시는 통제 활동의 특정 범주를 제시하기 위한 것이 아니라 통제 활동의 범위와 다양성을 보여주는 것을 목적으로 한다.

- 고위 경영자 검토 – 고위 경영자는 예산·예측·전기(前期)실적·경쟁자와 대비하여 실제 성과를 검토한다. 그들은 목표 달성 정도를 측정하기 위해 주로 검토 사항–시장의 위협·향상된 생산 프로세스·비용 억제 또는 감소 프로그램을 추적한다. 그리고 계획의 실천은 신제품 개발, 조인트 벤처 및 재무적 측면에서 모니터링 된다.

- 기능 또는 활동 관리 – 기능 또는 활동에 관여하는 담당자가 직접 성과보고서를 검토한다. 즉, 은행의 대출 담당자는 경기 동향을 조사하고 경제 통계와 목표 고객층에 관한 결과를 바탕으로 업종, 지역 및 대출 형태를 기준으로 보고서를 검토한다. 그 후 지점장은 대출 담당자별, 지역 소비자 부문별 새로운 사업에 관한 보고를 받는다. 또한 지점장은 특정 금액을 초과하는 신규예금에 관하여 정부가 요구하는 보고서를 준비하면서 규정 준수 이슈를 점검한다. 익일 이체와 투자에 대해 중앙으로 집중된 잔고를 참고로, 매일 매일의 현금흐름을 대사한다.

- 정보처리 – 거래의 정확성·완전성·승인을 검토하기 위해 다양한 통제가 수행된다. 따라서 입력된 자료는 온라인 상 검토되거나 승인된 파일과 대조되어야 한다. 예를 들면, 고객 주문은 승인된 고객 파일과 해당

고객의 신용 한도에 관한 검토가 이루어진 후에만 처리되어야 한다. 한편, 모든 거래는 추후 수정되어 감독자에게 보고된 경우를 제외하고 일련번호가 매겨져야 한다. 또한 신규 시스템의 개발 및 현 시스템의 변화가 있을 경우 현재의 자료·파일·프로그램에 대한 접근 통제와 같은 통제 절차가 수립되어야 한다.

- 성과지표 - 영업 혹은 재무보고와 같은 자료를 대응시켜보는 것은 관련 계정 분석을 통한 통제 활동이 된다. 성과지표의 예를 들면 단위 부서별 직원 이직률이 있다. 한편 경영자는 예상치 못한 결과나 비정상적인 흐름을 조사함으로써, 핵심 프로세스를 수행하기에 충분한 능력부족으로 목표 달성 가능성이 낮은 지를 판단한다. 경영자가 이 정보—영업 의사결정만을 위해 또는 보고 시스템에서의 예상치 못한 결과를 추적하기 위해—를 어떻게 이용하느냐에 따라 성과지표분석이 영업의 목적으로만 이용되는지 또는 보고 통제 목적으로도 역할을 수행하고 있는지를 알 수 있다.

- 업무 분장 - 실수나 부정으로 인한 리스크를 감소시키기 위해 직무를 각각 다른 사람들에게 분배한다. 예를 들면, 거래를 승인하는 책임은 자산의 기록이나 자산을 관리하는 활동과 분리된다. 또한 신용 판매를 승인하는 책임자는 채권 계정이나 현금 계정을 다루는 책임은 지지 않는다. 이와 유사하게, 판매담당자는 제품의 가격을 조정할 수 있는 권한을 가지지 못한다.

때때로 관련 리스크 대응을 다루기 위해 통제를 조합한다. 예를 들면, 회사의 경영자는 투자 포트폴리오와 관련된 리스크를 관리하기 위해 거래 금액의 한계를 정하고, 한계가 초과되지 않았음을 확신하는 데 도움을 주는 통제활동을 확립한다. 한편, 통제 활동에는 특정 거래가 수행되기 전에 중지시키는 예방 차원의 통제와 적시에 어떠한 거래를 식별하는 적발 차원의 통제가 있다. 또한 통제활동은 컴퓨터와 수작업이 결합된 활동인데 여기에는 모든 정보가 정확하게 기록되는 자동화된 통제와 책임자가 투자결정을 승인할 수 있도록 해당 문건이 전달되는 과정이 포함된다.

제 8 절 정보와 의사소통

1. 정보

정보는 조직 구성원이 적절하게 자신의 책임을 수행할 수 있도록 정해진 시간 내에, 적절한 형태로 인식, 파악되어 의사소통 되어야 한다. 정보 시스템은 내부에서 생성된 데이터와 외부에서 획득한 정보를 이용하는데 이러한 정보는 리스크 관리 및 목표 달성과 관련된 의사 결정을 뒷받침한다. 효과적인 의사소통은 발생하여 조직의 상하좌우로 순환한다.

이를 통해 모든 조직 구성원들은 최고경영자로부터 전사적 리스크 관리 책임을 진지하게 받아들여야 한다는 분명한 메시지를 전달받는다. 따라서 조직 구성원들은 개별적 활동이 타 구성원의 활동과 어떻게 연관되는지는 물론, 전사적 리스크 관리에 있어서 자신의 역할이 무엇인지를 이해한다. 그들은 중요한 정보를 상향 전달할 수 있는 수단을 가져야만 한다. 그리고 고객, 공급자, 규제기관, 주주 등 외부와의 효과적인 의사소통이 이루어져야 한다. 모든 기업은 회사 관리에 관한 내부 및 외부 사건과 활동에 대하여 광범위한 정보를 파악·획득한다. 획득된 정보는 전사적 리스크 관리 및 조직 구성원이 책임을 수행할 수 있는 형태로 바뀌어 적절한 기간 내에 구성원들에게 전달된다.

정보와 의사소통은 기업의 외부 및 내부에서 리스크관리에 관련된 정보를 인지, 획득, 공유하는 과정을 말하며 여기에서 리스크관리 정보시스템의 필요성이 대두된다. 그리고 대내외적인 의사소통을 통해 리스크에 대한 경각심을 높이고 공시정보의 투명성 및 시장의 신뢰도를 강화하여 기업가치의 제고에 이바지함을 목표로 한다.

2. 의사소통

의사소통은 정보시스템의 고유 요소이다. 위에서 논의한 대로, 정보시스템은 적절한 구성원들이 함께 운영하고 보고하며 책임을 준수하도록 정보를 제공해야 한다. 더욱 넓은 의미에서의 의사소통은 개인 및 그룹별 책임들, 그리고 기타 중요한 문제(구성원의 기대 등)들을 다루기 위해 필요하다.

의사소통은 개인의 임무 및 통제책임이 전달되는 과정으로, 의심되는 부적절한 사항이 보고될 수 있도록 하기 위한 적절한 Communication 채널의 수립 및 유지가 필요하며, 조직내의 의사소통의 적절성과 정보의 완전성, 적시성 및 충분성은 각 개인이 자신의 책임을 효과적으로 수행하는데 도움을 줄 수 있다.

제 9 절 모니터링

전사적 리스크 관리는 내부통제 구성요소의 구축과 기능을 지속적으로 평가하면서 모니터링 하는 과정이다. 전사적 리스크 관리는 상시 모니터링 활동 및 독립적인 평가, 또는 두 가지의 조합을 통해서 완성된다. 상시 모니터링은 경영자의 일반적 경영 활동에서 발생한다. 독립 평가의 범위와 빈도는 주로 리스크 평가 및 상시 모니터링 절차의 효과성에 의해 좌우 된다. 전사적 리스크 관리의 취약점은 최고경영자 및 이사회에 보고되는 중대한 문제들과 함께 상향 보고된다.

회사의 전사적 리스크 관리는 계속적으로 변화한다. 따라서 한때는 효과적이었던 리스크 대응이 시간 경과에 따라 부적합하게 될 수도 있고 통제활동의 효과가 감소하거나 더 이상 수행되지 않을 수도 있으며 회사의 목표가 변화할 수도 있다. 이러한 변화는 새로운 구성원의 출현, 회사 구조 또는 지침의 변화, 새로운 프로세스의 등장에 의해 발생하게 된다. 이때, 경영자는 전사적 리스크 관리의 기능이 계속 효과적인지 여부를 확인할 필요가 있다.

모니터링은 상시적 활동 또는 독립 평가라는 두 가지 방법으로 이루어 질수 있다. 전사적 리스크 관리의 메커니즘(Mechanism)은 대개 상시 방식(On-going Basis)으로 자기 자신을 모니터 하도록 구조화되어 있다. 상시 모니터링의 수준과 효과가 높을수록, 독립 평가의 필요성은 줄어든다. 경영자에게 전사적 리스크 관리의 효과에 대해서 합리적 확신을 주기 위한 독립 평가의 빈도는 경영자의 중요한 판단 사항이다. 이러한 판단 과정에 있어서 변화의 본질 및 정도, 관련 리스크, 리스크 대응 및 관련 통제를 수행하는 구성원의 능력과 경험, 일상 모니터링의 결과 등이 고려된다. 상시 모니터링과 독립 평가의 조합으로 전사적 리스크 관리가 경과된 시간 동안 효과적이었다는 것을 확인할 수 있다.

상시 모니터링은 회사의 일반적이고 반복적인 운영 활동으로 구현 된다. 상시 모니터링은 실시간의 원칙으로 수행되고 변화된 조건에 동적으로 반응하며 회사 전반에 적용된다. 결과적으로 상시 모니터링은 독립 평가보다 더 효과적이다. 독립 평가는 사건 발생 후에 이루어지기 때문에 종종 상시 모니터링 절차에 의해 문제들이 먼저 식별된다. 그럼에도 불구하고 적절한 상시 모니터링 활동을 수행 하는 많은 회사들은 전사적 리스크 관리에 대한 독립 평가를 주기적으로 수행한다. 만약 회사가 독립 평가의 필요성을 자주 느낀다면 상시 모니터링 활동의 강화를 검토해야 한다.

모니터링은 리스크관리의 각 요소들이 효과적으로 수행되는가를 관찰하고 평가하는 개념으로, 상시모니터링(지속적평가 : On-going Activities)과 독립평가(개별적 평가 : Separate Evaluation)의 두가지 형태로 수행되어진다.

제 6 장 BIA (Business Impact Analysis)

제 6 장 BIA (Business Impact Analysis)

제 1 절 BIA의 개요

1. 업무영향분석 정의

업무영향분석(Business Impact Analysis ; BIA)은 조직의 위기들을 관리하기 위한 초석이 된다. 위기관리 계획이 재무를 담당하고 있는 부서를 위해서 준비를 해야 하나 혹은 전체 조직을 위해 필요한 것인가를 판단하기 위해 BIA를 수행한다. BIA는 위기들을 관리하기 위하여 해결책을 제시하여 주거나, 전략을 이끌어 내거나, 업무복구의 우선순위를 도출하기 때문에 중요성이 부각된다. BIA가 주는 지식을 갖지 않고서는 효과적이고 전사적인 위기 대비체제 또는 리스크를 경감(mitigation)하는 전략(예방)을 세우기가 어렵다.

더욱 중요한 것은 경영층에게 잠재적인 영향력에 관한 자료를 제공하여 주며 그리고 비즈니스의 초점이 되는 이슈들을 분석하거나, 업무의 우선순위 등급을 부여하거나, 적절한 전략들을 선택하거나 비즈니스 연속성을 위한 현실적인 시나리오를 개발하기 위한 기초를 BIA는 만들어 준다.

BIA에 관한 연구와 그리고 시스템 개발은 다음과 같은 영역에서 부분적으로 이루어졌다.

첫째, 비즈니스 프로세스를 찾아내고, 어느 프로세스가 시간에 민감한 프로세스인가를 구분하고, 각 프로세스에 우선순위를 부여하는 영역이다. 둘째, 조직에서 고려해야만 하는 위험과 리스크 그리고 취약성을 발견하는 영역이다. 셋째, 재무적으로 영향력을 평가하는 부분이며, 넷째, 위기에 관한 의사결정을 위한 적절한 전략을 개발하고 마지막으로 최고 경영층에게 분석을 보고하는 영역이다.

영향력 평가는 규명(identification), 예측과 측정(prediction and measure-ment), 해석(interpretation), 의사전달(communication)이라는 네 가지 주요한 영역을 다룬다. 영향력 평가는 비즈니스를 예측하고(prediction) 그리고 위기로 인한 영향력을 측정(measurement)하는데 초점을 두며, 어떻게 평가를 할 것인가를 기술한다. BIA는 규명하고, 해석하고, 전달하기 보다는 예측과 측정분야에 중점을 두고 있다.

BIA란 리스크 분석에서 도출된 가장 위험한 위기가 현재의 운영 업무(비즈니스 프로세스)에 얼마만큼의 영향을 주는가를 의미한다. 여기에서 분석 대상의 업무 및 서비스의 범위를 설정해야 하는데, 이는 조직이 관리할 대상에 따라 달라진다. 특히 업무 및 서비스의 중지가 비즈니스에 어떻게 영향을 미치는가를 이해하는 것은 조직의 자산을 보호하고 위험을 관리하는데 핵심적인 역할을 할 뿐만 아니라 비즈니스 연속성을 위한 전략을 개발하고 계획을 세우기 위한 첫걸음이 된다.

업무영향분석은 재난시 복수 최소 대상인 업무 단위를 정의하고, 업무 단위의 복구 우선순위와 복구 목표시간 및 복구목표 시점 정의를 통해 복구 필요 자원을 산정함으로써 영업연속성 체제 구축을 위한 기본 목표를 정의하는 단계로 그림 6-1로 표현 할 수 있다.

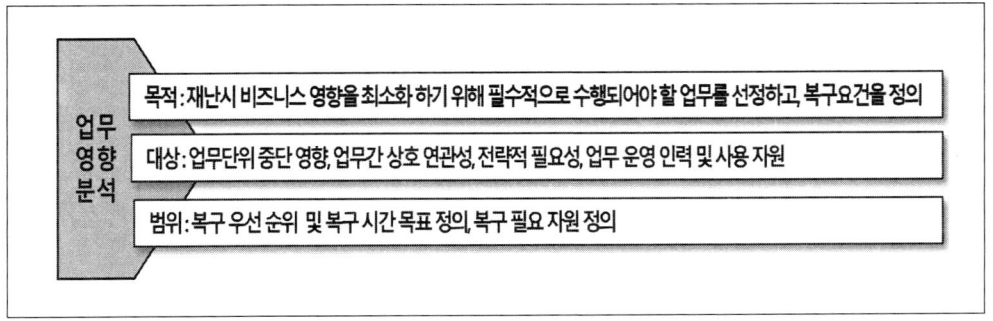

[그림 6-1] 업무영향분석 정의

제 2 절 업무 영향력 분석 방법

1. 업무영향분석 수행절차 개요

업무영향분석의 전반적인 수행절차는 그림 6-2와 같다.

업무영향분석을 위해 첫 번째 단계는 업무단위를 선정하기 위한 기준을 정의해야 한다. 업무 우선순위 선정을 위한 업무단위의 속성 구분 항목을 정의함에 있어서 배경근거, 도출 결과의 완전성 및 해당 업무에 대한 현업 작성자의 이해도를 명확화하여야 한다. 업무단위의 기준이 정의되면, 조직을 팀내 또는 부서별 업무단위로 모든 업무가 포함되도록 업무 혹은 활동 위주로 적절히 구분하여 레벨링하고 업무단위를 재조정하여 업무단위를 확정한다.

두 번째 단계는 기존의 비재무적 영향 항목과 업무 성격별 유형구분 기준을 통합하여 정의된 정성적 요소(업무성격 분류 항목)에 의해 재조정된 업무단위에 대한 정성적 영향평가를 수행한다. 정성적 요소에 대한 우선순위 선정은 AHP(Analytic Hierarchy Process)방식을 이용한다.

세 번째 단계는 수익관련 업무에 대한 관련 상품/서비스 수익자료를 기초로 정량적 영향 평가를 수행하고, 대상 업무 중단에 따른 잠재적 수익 손실액의 크기에 따라 우선순위를 선정한다.

네 번째 단계는 정성적, 정량적 우선순위를 종합하여 최종적인 대상 업무의 우선순위를 선정한다.

다섯 번째 단계는 감독기관의 규제와 타사의 사례 분석 및 고유한 업무 특성 반영을 통해 복구목표시간(Recovery Time Objective : RTO) 및 복구목표시점(Recovery Point Objective : RPO)을 정의한다.

여섯 번째 단계는 업무단위의 최종 복구목표시간을 설정하기 위해 업무단위간의 상호 연관성을 조사하여 선행업무가 후행업무보다 빨리 복구될 수 있도록 하여 재난시 정상적으로 영업 연속성을 확보하기 위해 업무연관성 분석을 수행한다.

일곱 번째 단계는 정량적/정성적 분석과 업무 연관성을 고려하여 도출된 복구시간목표(RTO)는 행내 전략을 결정하는 경영층의 시각을 통해 최종적으로 검토되며, 재해복구와 관련된 업무는 기업에 미치는 영향을 최소화하기 위해 긴급히 복구될 수 있도록 경영층의 전략적 고려 사항을 반영하여 RTO를 조정함으로써 최종 RTO를 확정한다.

여덟 번째 단계는 업무 운영을 위해 필요한 자원 요소인 정보, 인력, 물리적 자원에 대한 복구 방안과 요건을 정의하여 업무연속성 체제 구축 전략 수립시 기준으로 활용할 복구 필요 자원을 산정한다.

마지막 단계는 업무 영향 분석을 통해 복구를 위한 기본 요건을 도출하였으며 이는 다음 단계의 전략 수립단계에서 복구 전략을 결정하게 되는 영업 연속성 체계 기본 목표를 정의하는 자원으로써 활용한다.

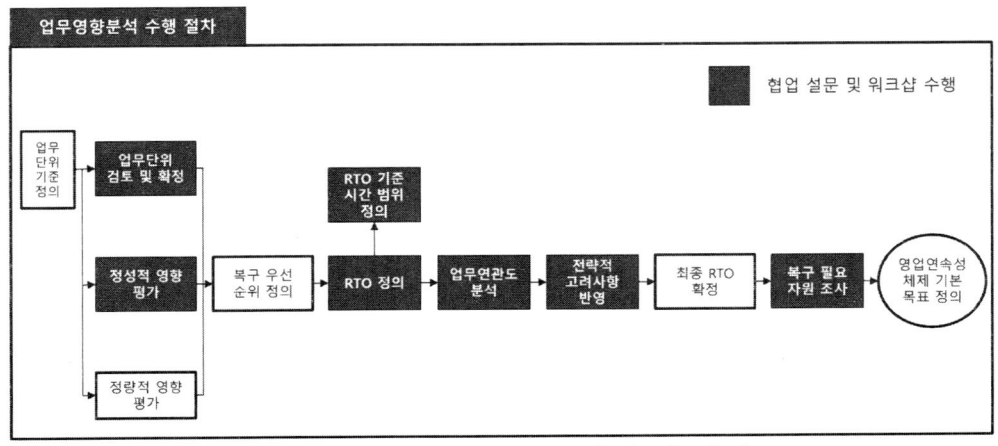

[그림 6-2] 업무영향분석 수행 절차

2. 1단계

첫 번째 단계는 조직의 업무 및 서비스(비즈니스) 영역을 분석(business area analysis)하는 일이다. 기능과 프로세스를 찾아내며 또한 우리의 비즈니스 연속성에 위협을 주는 프로세스를 발견하는 일이 비즈니스 영역 분석의 주된 임무이다.

프로세스(process)는 기능(function)으로부터 분해하면서 발견할 수가 있으므로 먼저 최상위 레벨의 업무 기능을 정의한다. 최상위 레벨의 업무 기능은 조직 내 주요한 관심 분야를 다루는 업무활동(activity)들을 그룹핑한 것이다. 초기에는 조직이 기능 단위로 구성되기 때문에 상위레벨의 조직 단위 간의 차이점을 발견하기 어려우나 분석자는 조직 구조를 업무 기능 구조와 구별할 수 있어야 한다. 조직 구조는 대 목표를 달성하기 위한 전략적 측면을 반영하는 반면, 업무 기능은 수행된 실제 활동을 반영한다. 상위 업무 기능은 적절한 상세 레벨로 나타내야 한다. 대부분의 조직에서 주요 업무활동들은 5개 내지 10개의 Top레벨 업무 기능으로 그룹핑 된다.

Top레벨 업무 기능을 하위레벨 업무 기능으로 분해한다. 여기에는 '분할 통치' 원리가 적용된다. 각 업무 기능을 더 작고, 더 상세한 하위 업무 기능으로 나눈다. 업무 활동은 최하위 레벨인 기본 활동(기본 프로세스)이 정의될 때까지 더 작은 활동으로 계속 분해된다. 각 기능은 보통 3개 내지 7개의 하위 기능으로 분해되며, 아무리 적어도 2개 이상의 하위 기능으로 분해되어야 한다. 기능이 8개 이상의 하위 기능으로 분해되어 있다면, 이 기능을 정밀하게 조사해야 한다. 보통 이와 같은 다이어그램은 너무 상세하게 작성되었을 소지가 많다.

기능 분해에 관한 규칙과 가이드라인은 다음과 같다.

- 각 기능은 최소한 2개의 하위 기능 또는 2개의 하위 프로세스로 분해되어야 한다.
- 형제 업무활동(sibling)은 모두 동일한 타입이어야 한다. 즉 모두 기능이거나 모두 프로세스이어야 한다. 하나의 상위레벨 기능이 기능과 프로세스로 분해 될 수 없다.
- 상위레벨 기능을 구성하는 하위 기능을 또는 하위 프로세스들은 상위레벨 기능의 모든 면을 반영해야 한다. 예로, 기능 A가 W, X, Y, Z로 분해된다면, A=W+X+Y+Z라는 문장은 참이어야 한다. 위의 규칙들은 반드시 지켜져야 한다. 또한 기능 분해를 수행할 때 다음과 같은 가이드라인도 따라야 한다. 이것은 위의 규칙보다는 덜 엄격하지만, 기능을 올바로 분해하기 위해서는 중요한 사항이다.
- 기능은 3개 내지 7개의 하위 활동으로 분해되어야 한다. 이 개수 이상 또는 이하로 분해되었다면 그 결과는 다시 검토되어야 한다.
- 기능 분해는 Top레벨 프로세스 이하로 진행되면 안 된다.
- 모든 sibling은 상호의존성을 가져야 한다.

업무 기능은 활동들을 크게 그룹핑 한 것이다. 프로세스도 활동들을 그룹핑 한 것이지만, 기능보다 하위레벨에서 나타난다. 기능을 계속 분해하여 나가면, 마침내 프로세스가 된다. 바꾸어 말하면, 기능은 상위 업무활동이고, 프로세스는 하위 업무활동이다.

양자의 차이점은 '업무활동을 실행한다'고 하는 말이 의미를 가지는지에 있다. '프로세스 A를 실행한다'고 하는 말은 의미를 가진다. 예로, '응모자 면접' 프로세스를 오늘 몇 번 실행했는가라는 질문에는 4번 실행했다고 대답하는 것이 가능하다. 한편 '기능 B를 실행한다'고 하는 말은 의미를 가지지 못한다. 예로, '총무'라고 하는 기능을 오늘 몇 번 실행했는가라는 질문에는 대답할 수가 없다.

프로세스가 실행 가능한 이유는 시작 시간과 종료 시간이 명확하게 있기 때문이다. 시작 시간과 종료 시간 사이를 '실행 중'으로 간주하며, 그것을 한 번의 실행으로 계산한다. 이에 비해, 기능은 시작 시간과 종료 시간이 없다. 그러나 이러한 구별이 항상 명백하다고는 할 수 없다. 특히 활동 계층 다이어그램에서 근접해 있는 기능과 프로세스는 구별하는 것이 어렵다. 구별이 불명료한 경우는 분석자 자신이 판단해야 한다.

이름을 보면 기능과 프로세스를 구별할 수 있다. 기능의 이름은 반드시 단일명사(동사의 의미만 있는 명사)이다. 예로, 영업, 제조, 판매, 운송 등이다.

반면에, 프로세스의 이름은 복합명사로서 '순수명사 + 동사성 명사'의 형태를 갖고 있다. 예로, 제품추가, 잔고계산, 고객전화 등이다. 또한 프로세스는 입력과 출력을 갖고 있다. 예로 '주문받음' 프로세스는 고객번호, 제품코드, 제품수량 등을 입력하며, 주문헤더와 주문품목을 출력한다.

업무영역에 대한 업무활동 모델을 작성하려면, 먼저 분석자는 업무와 관련된 최하위 레벨 프로세스(기본 프로세스)를 발견할 때까지 기능 계층과 프로세스 계층을 계속 분해해야 한다. 프로세스 분해는 기능 분해의 단순한 연장이다. 기능 분해의 방법과 가이드라인을 프로세스 분해에도 그대로 사용할 수 있다. 기능 분해에서는 최하위 레벨의 기능 또는 최상위 레벨의 프로세스가 나타날 때까지 분해를 계속하며, 프로세스 분해에서는 최하위 레벨 프로세스(기본 프로세스)가 나타날 때까지 분해를 계속한다. 프로세스를 분해한 후에는 프로세스 의존성 다이어그램을 작성하여 분해 결과를 검증한다.

3. 정성적 분석

1) 정성적 분석 방법

대상 업무단위의 정성적 우선순위를 정함을 목적으로 한다.

정성적 분석의 수행 방법은 그림 6-3과 같이 다음의 절차에 따른다.

Step 1 : 대상 업무단위의 업무 성격 분류 항목 해당 여부에 따라 우선순위를 정하며 이를 위해서는 업무 성격 분류 항목에 대한 우선순위 선정과 항목별 점수화가 필요하다. 우선순위 선정과 항목별 점수화를 위하여 AHP 방식을 이용한다.

Step 2 : 대상 업무단위에 대해 해당되는 업무 성격 분류 항목의 AHP 방식에 의해 도출된 중요도 점수를 합하여 이 점수에 따라 대상 업무 단위의 우선순위를 정한다.

Step 3 : 해당 업무성격 분류 항목의 점수를 합한 업무 단위별 점수의 크기에 따라 각 업무단위의 우선순위 점수를 산정한다.

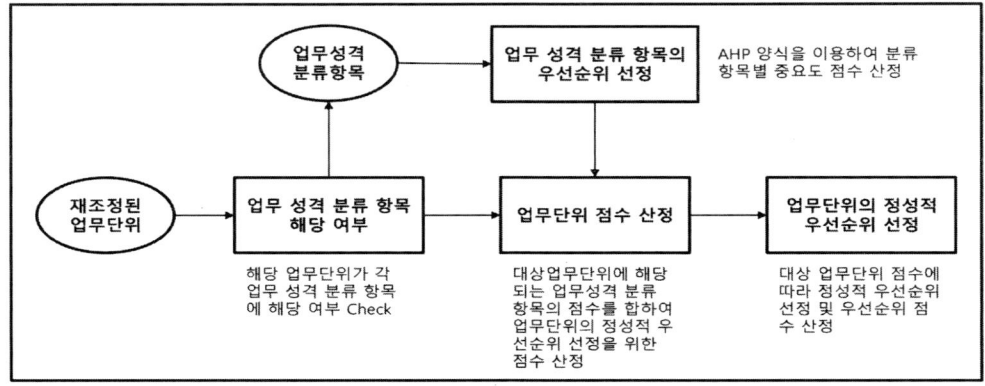

[그림 6-3] 정성적 분석의 수행 방법

2) 정성적 분석 항목 도출

(1) 업무속성 구분

정성적 분석 항목을 도출하기 위해서는 외부 기관들 및 사례조사에 의해 정의되는 영향항목 조사 및 업무중단에 따른 내외부 영향 측면에서 Brainstorming을 통해 영향 항목을 파악할 수 있다.

그림 6-4는 외부 기관들 및 사례조사에 의한 업무 중단 영향 항목을 도출한 예로써 재무적 영향, 고객이탈, 인력 손실, 영업기회 손실, 직원 사기 하락, 주주 신뢰도 하락, 은행 평판/이미지 하락, 법적 규제 미준수, 시장 점유율 하락, 경쟁력 하락, 현금 흐름 악화, 고객 신뢰도 하락, 생산성 하락, 협력 업체 관계 악화, 재무적 신용도 하락, 채무 증가, 보안 악화 등이 있다.

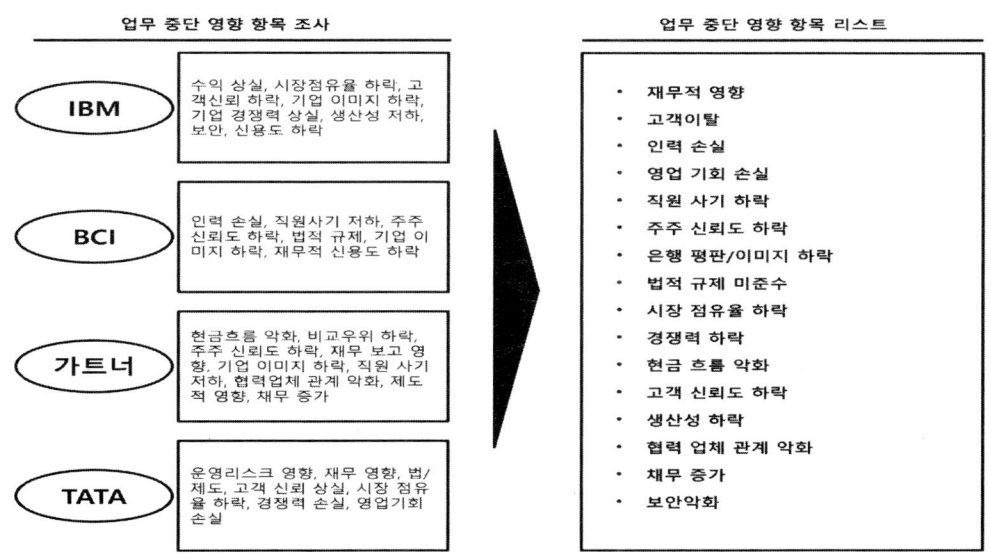

[그림 6-4] 외부 기관들 및 사례조사에 의한 업무 중단 영향 항목

그림 6-5는 은행의 내외부 관계자를 고려하여 업무중단에 따른 내·외부 영향 항목들을 Brainstorming을 통하여 도출한 예이다.

은행 업무의 중단에 따라 은행 내부적인 영향을 미치는 업무와 외부적인 영향을 미치는 업무로 나누어 볼 수 있다. 은행 외부적인 영향으로는 고객에게 미치는 영향, 정부/감독기관의 규제 영향, 협력업체와의 관계 영향, 주주 영향 등이 있고, 은행 내부적 영향으로는 잠재적 수익 손실과 같은 재무적 영향이 있다. 특히, 고객 서비스 수준 저하, 고객 만족도 하락, 고객 이탈 등은 고객에게 미치는 영향 항목으로 분류하고, 법적제재, 벌금 등은 정부/감독기관의 규제 영향 항목으로 분류할 수 있다.

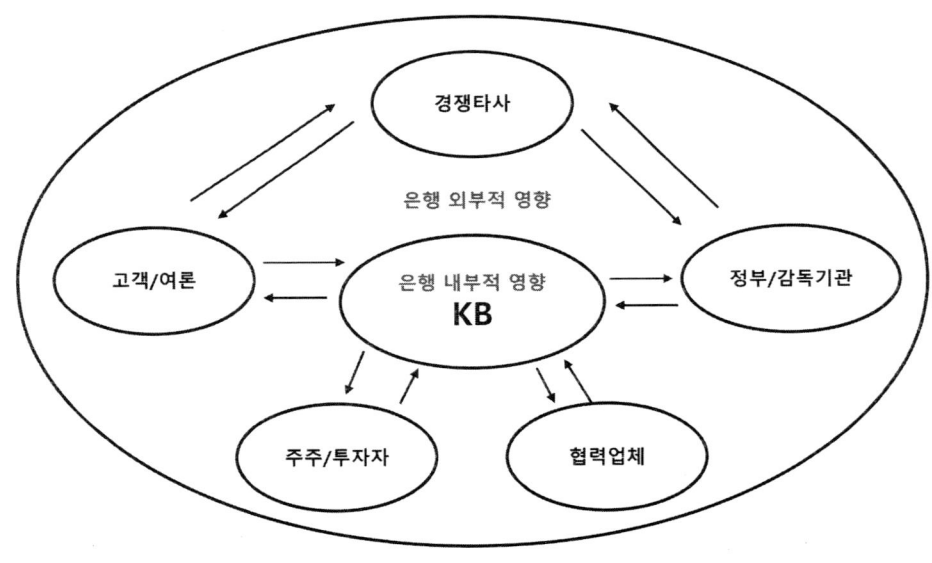

[그림 6-5] 은행의 내외부적인 영향 항목

파악된 외부기관 영향항목 리스트와 정의된 업무단위를 기초로 업무 중단에 의한 영향을 도출하고, 이러한 영향에 의한 업무 속성을 구분한다. 최종적으로 업무 중단 영향에 의한 업무 속성을 구분한다. 그림 6-6은 은행의 업무중단에 의한 영향에 의한 업무 속성 구분 절차에 관한 것이고, 그림 6-7은 은행 업무중단 영향에 의한 업무 속성 구분의 예시이다.

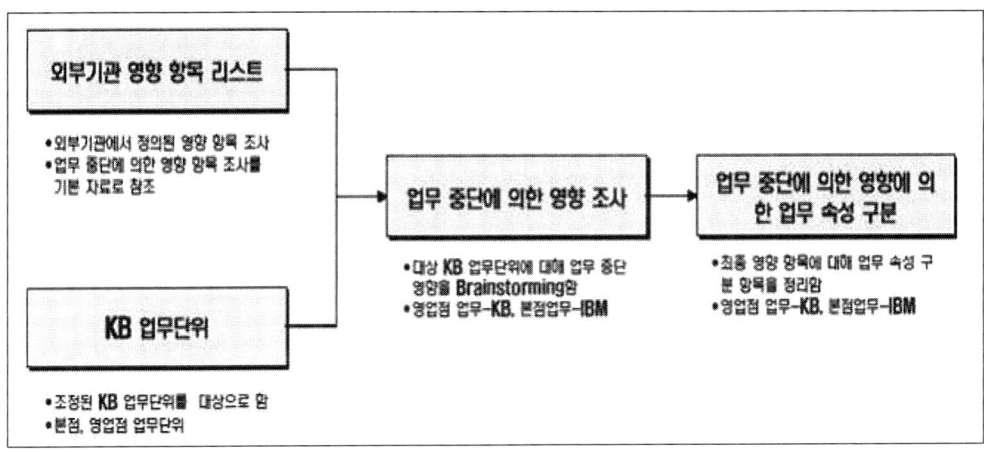

[그림 6-6] 은행의 업무 중단에 의한 영향에 의한 업무 속성 구분 절차

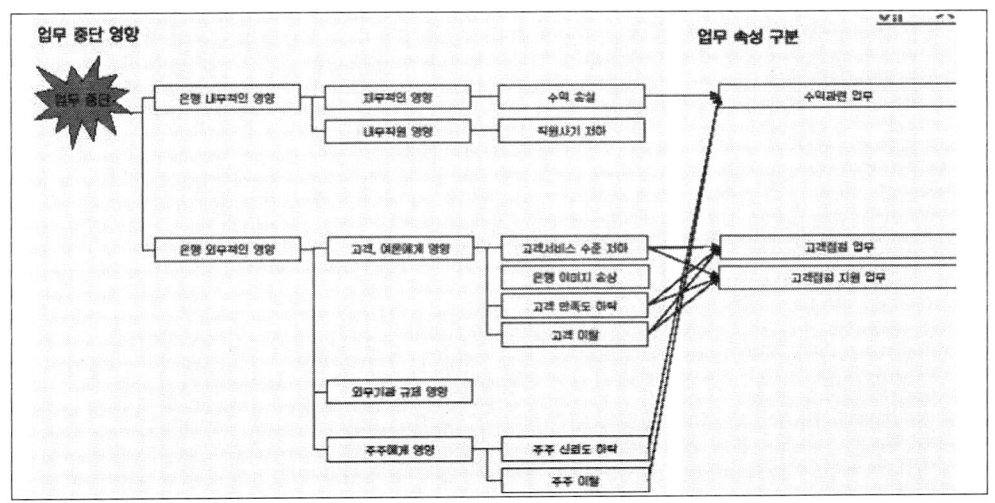

[그림 6-7] 은행 업무 중단 영향에 의한 업무 속성 구분의 예시

(2) AHP 평가

AHP 평가는 해당 업무에 대한 이해도가 풍부한 팀장 또는 부장급 이상의 담당자에게 설문조사를 통해 정성적 항목의 가중치를 정의하기 위한 방법이다.

앞 절에서 구분한 업무 속성 각각에 대하여 어느 업무 속성이 중요한지를 각 평가자별로 평가하는 것으로써 그림 6-8과 같은 방법으로 결정한다. 예를 들어, 여기서 비교항목은 업무 속성인 수익관련, 고객접점채널, 고객접점지원, 은행비즈니스 운영, 법적규제, 대외기관관련, 당일시한준수 등이 해당된다.

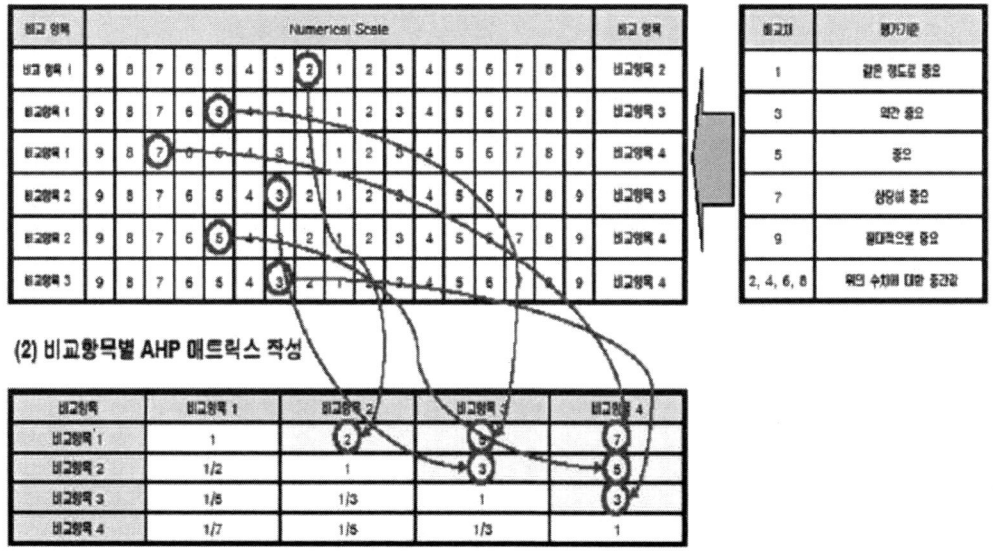

[그림 6-8] 비교항목별 AHP 평가 및 AHP 매트릭스 작성

비교항목별 AHP 평가표에서 각 비교항목별 평가 기준은 1, 2, 3, 4, 5, 6, 7, 8, 9와 같이 비교치를 9 단계로 나눌 수도 있고, 1, 3, 5, 7, 9와 같이 5 단계로 나눌 수도 있다. 즉. 정성적 평가의 최종 점수를 어느 정도로 세밀히 표현하느냐에 따라 비교치의 단계 정도를 나눌 수 있다.

각 평가자별로 AHP 평가를 수행하고, 비교항목별로 그 결과를 도시한 것이 그림 6-8의 비교항목별 AHP 매트릭스이다. 예를 들어, 비교항목별 AHP 평가에서 비교항목 1이 비교항목 2에 비해서 2 만큼 중요하고, 비교항목 3에 대하여 5 만큼 중요하고, 비교항목 4에 대하여 7만큼 중요하다고 평가자가 평가를 했다면, 이 수치를 각 비교항목에 대하여 매트릭스를 작성한다.

그림 6-9는 비교항목별 AHP 매트릭스의 각 평가자의 평균을 구한 것이다. 각 평가자별로 작성된 AHP 결과를 취합하여 산출 평균을 구한다. 예를 들어, 비교항목1과 비교항목4에 대한 각 평가자의 값은 7, 3, 2 이고, 이를 산출평균을 취하면 (7+3+2)/3=4가 되어 비교항목1과 비교항목4 사이의 평가자 평균은 4가 된다.

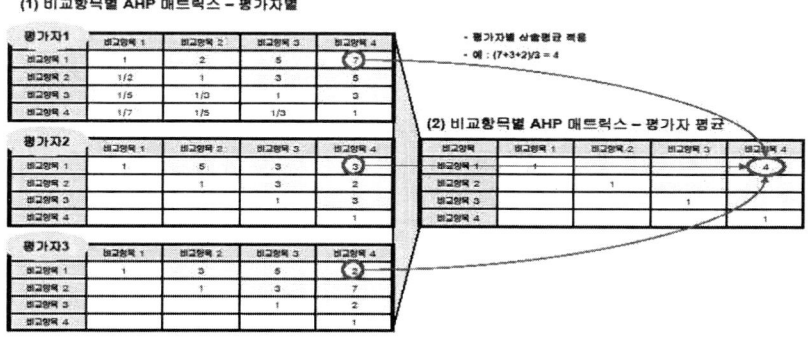

[그림 6-9] 비교항목별 AHP 매트릭스의 평가자 평균

그림 6-10은 비교항목별 AHP 정규화 매트릭스의 예이다. 비교항목별 AHP 정규화 매트릭스는 평가자 평균값을 사용하여 비교 항목 간 우선순위를 계산하는 과정이다. 비교항목별 AHP 매트릭스의 평가자 평균으로부터 비교항목별 AHP 정규화 매트릭스는 비교항목별 계의 값으로 각 항목 값을 나눈 값이다. 예를 들어, 비교항목 1과 비교항목 3 사이의 AHP 매트릭스의 평가자 평균이 5이고, 비교항목 3의 계가 9.33이면, 비교항목 1과 비교항목 3의 정규화 매트릭스는 5/9.33=0.54가 된다. 비교항목별 AHP 정규화 매트릭스에서 각 비교항목별로 평균값을 구하면 이것이 우선순위를 결정하는 값이 된다. 예를 들어, 그림 6-10에서 비교항목 1의 평균이 0.520으로 가장 크므로 우선순위는 이 값이 큰 순서대로 정해진다. 따라서, 비교항목 1, 비교항목 2, 비교항목 3, 비교항목 4의 순서로 우선순위가 정해진다.

(1) 비교항목별 AHP 매트릭스 - 평가자평균

비교항목	비교항목 1	비교항목 2	비교항목 3	비교항목 4
비교항목 1	1	2	5	7
비교항목 2	1/2	1	3	5
비교항목 3	1/5	1/3	1	3
비교항목 4	1/7	1/5	1/3	1
계	1.84	3.53	9.33	16

(2) 비교항목별 AHP 정규화 매트릭스

비교항목	비교항목 1	비교항목 2	비교항목 3	비교항목 4	평균(우선순위)
비교항목 1	0.54	0.57	0.54	0.44	0.520
비교항목 2	0.27	0.28	0.32	0.31	0.297
비교항목 3	0.11	0.09	0.11	0.19	0.124
비교항목 4	0.08	0.06	0.04	0.06	0.058

[그림 6-10] 비교항목별 AHP 정규화 매트릭스

4. 정량적 분석

1) 정량적 분석 수행방법

정량적 평가 대상 업무단위(수익관련 업무)에 대해 수익을 발생시키는 관련 상품/서비스를 매핑하고 해당 상품/서비스의 연간 수익액을 기준으로 해당 업무 중단에 따른 잠재적 수익 손실 내역을 조사하여 잠재적 수익 손실액을 산정하는 것이다. 대상 단위 업무의 잠재적 수익 손실액의 크기에 따라 우선순위 점수를 산정하여 정량적 우선순위를 정한다. 그림 6-11는 정량적 분석 수행방법을 도시한다.

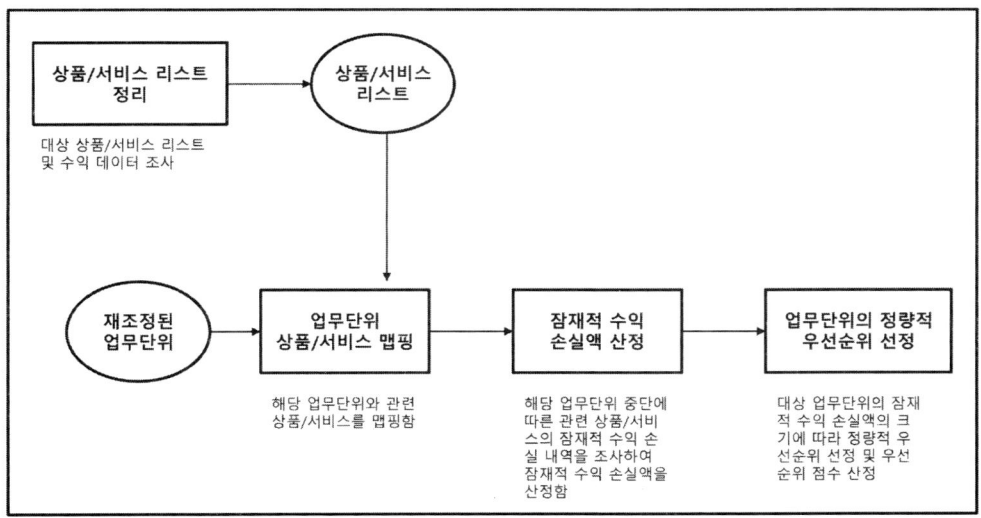

[그림 6-11] 정량적 분석 수행방법

5. 활동기준원가

1) 활동기준원가의 개요

(1) 활동기준원가계산의 의의

기술의 발전으로 기업의 제조환경이 과거의 노동집약적인 생산방식에서 탈피하여 공장자동화로 인한 자본집약적인 생산방식으로 변해감에 따라 제조원가에서 직접노무비가 차지하는 비중이 점차 감소하고 제조간접비가 차지하는 비중이 점차 증가하고 있으며, 그 발생도 단순히 생산량에 비례하지 않고 생산활동의 복잡성 및 다양성 정도에 따라 영향을 받고 있다. 이러한 상황에서 제조간접비를 더 이상 조업도를 기준으로 제품에 배부하는 전통적 원가계산시스템으로는 정확한 제품원가계산이 불가능해졌고 따라서 새로운 원가계산방법의 필요성이 대두되게 되었는데 이에 나타난 원가계산방법이 활동기준원가계산(activity based costing)이다.

활동기준원가계산(activity based costing)이란 보다 정확한 원가계산을 위해 기업의 기능을 여러 가지 활동들로 구분한 다음, 활동을 기본적인 원가집계대상으로 삼아 활동별로 원가를 집계하고 이를 토대로 활동별로 집계된 원가를 다시 이들 활동별로 상이한 배부기준(원가동인)을 적용하여 제품에 배부하는 원가계산방법이다. 즉, 기업이 제품을 생산하는 과정에서 수행하는 구체적인 활동들이 자원을 소비하여 원가를 발생시키고, 제품은 이러한 활동을 소비함으로서 생산된다는 점에 착안하여 보다 정확한 원가계산을 수행하고자 하는 것이다.

활동기준원가계산은 이처럼 정확한 제품원가계산의 필요성과 기존의 전통적인 원가계산이 갖는 각종 한계점을 극복하기 위해 1980년대 중반부터 미국의 Cooper와 Kaplan을 중심으로 집중 논의되기 시작하여 현재는 미국뿐만 아니라 국내에서도 활발하게 도입되어 다양한 목적으로 활용되고 있다. 전통적 원가계산과 활동기준원가계산은 그림 6-12와 같다.

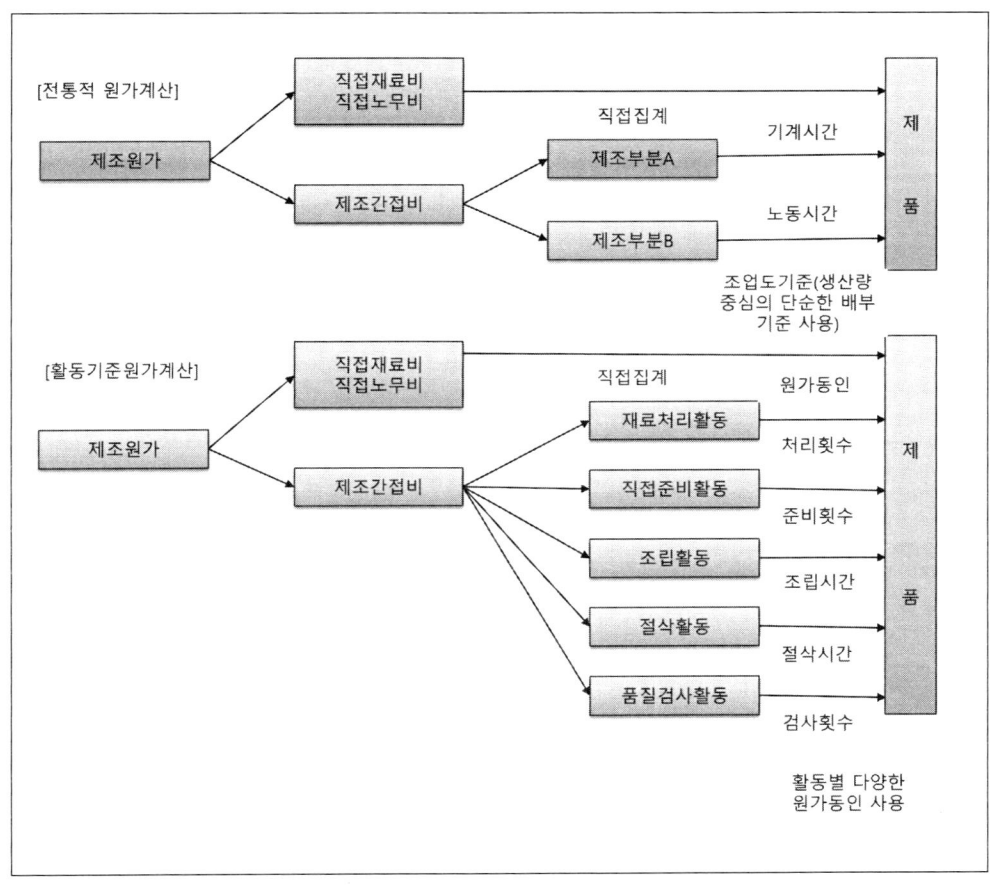

[그림 6-12] 전통적 원가계산과 활동기준원가계산

(2) 활동기준원가계산의 등장배경

위에서 간단히 논의된 활동기준원가계산의 등장배경을 구체적으로 살펴보면 다음과 같다.

① 최근의 기업들은 개성을 중시하는 소비자의 다양한 욕구를 충족시키기 위해 다품종 소량생산체제로 전환하게 되었다. 이러한 상황에서 점점 치열해지는 경쟁에 살아남기 위해서는 좀 더 수익성이 있는 제품에 그 역량을 집중해야 할 필요성이 증대되게 되었고 따라서 개별 제품의 수익성을 정확하게 파악하는 것이 매우 중요하게 되었다.

② 제품의 종류가 다양해지고 제조간접비의 비중이 증가함에 따라 전통적으로 사용하여 오던 직접노동시간, 기계시간 등 조업도에 근거한 배부기준에 의하여 제조간접비를 제품에 배부하는 방법은 제품원가산정에 왜곡을 초래하게 되었다.

③ 정보기술의 발전으로 인한 컴퓨터통합시스템의 도입으로 활동기준원가계산에 필요한 방대한 정보를 적은 비용으로 수집하여 이용하는 것이 가능하게 되었다.

④ 종전에는 제품의 제조과정이 기업활동의 대부분을 차지하였으므로 제품의 제조과정에 초점을 맞추어 단지 제조원가만으로 제품원가를 계산하여 왔으나, 최근에는 제조원가뿐만 아니라 연구개발, 제품설계, 마케팅, 유통,

고객서비스 등의 원가가 큰 비중을 차지하게 되어 원가개념이 확대되었다. 따라서 종전처럼 제조원가만으로 제품의 수익성을 판단할 경우 제품라인의 추가 또는 폐지 등에 대하여 올바르지 못한 의사결정을 초래할 수 있다.

2) 활동의 구분 및 활동기준원가계산절차

(1) 활동의 구분

활동기준원가계산을 적용하기 위해서는 먼저 활동기준원가계산하의 기본적인 원가집계대상인 활동을 명확히 이해하는 것이 선행되어야 할 것이다. 여기서 활동(activity)이란 원가를 발생시키는 기본적인 분석단위이며 기업의 제품생산과정에서 자원을 소비하는 구체적인 사건(event)이나 거래(transaction)를 말하는 것으로 제품설계, 재료처리, 작업준비, 부품조립, 품질검사 등을 예로 들 수 있다. 일반적으로 활동기준원가계산에서의 활동은 그 수준에 따라 표 14와 같이 단위수준활동, 묶음수준활동, 제품수준활동, 설비수준활동의 4가지로 구분되며, 이를 원가계층(cost hierachy)이라 한다. 이와 같이 활동은 그 수준에 따라 구분되며 각 활동별로 원가동인을 식별하여 정확한 원가계산을 하는데 유용하게 사용된다.

① 단위수준활동(unit-level activity)

단위수준활동이란 제품생산량에 비례하여 이루어지는 활동으로 기계작업(밀링, 절삭)활동, 직접노동(조립)활동, 품질검사(전수)활동 등이 이에 해당한다. 이러한 제품단위수준활동과 관련된 원가는 제품의 생산수량에 비례하여 원가가 발생한다.

② 묶음수준활동(batch-level activity)

묶음수준활동이란 제품의 수량과 관계없이 묶음단위로 이루어지는 활동으로 10개의 생산 lot나 100개의 생산 lot나 동일한 활동량을 요구할 때 그 활동은 묶음수준활동으로 간주된다. 구매주문활동, 품질검사(표본)활동, 작업준비활동 등이 이에 해당한다. 이러한 묶음수준활동과 관련된 원가는 제품의 생산수량에 비례하여 원가가 발생하는 것이 아니라 처리된 묶음수에 비례하여 원가가 발생한다.

③ 제품수준활동(product-level activity)

제품수준활동은 제품의 다양한 유형을 생산지원하기 위해 발생하는 활동으로 제품개발활동, 제품개량활동, 설계변경활동 등이 이에 해당된다. 이러한 제품수준활동과 관련된 원가는 제품의 생산수량이나 처리된 묶음수에 비례하여 원가가 발생하는 것이 아니라 제품의 종류수에 비례하여 원가가 발생한다.

④ 설비수준활동(facility-level activity)

공장의 전체적 관리를 위해 필요한 법률적인 요건 충족을 위한 활동, 안전유지를 위한 안전강화활동, 공장의 조경, 환경미화활동 등이 이에 해당한다. 이러한 설비수준활동과 관련된 원가는 제품의 생산량, 처리된 묶음수, 제품의 종류와 무관하게 전체제조공정을 유지하는 차원에서 발생한다. 따라서 개별 제품의 수익성 파악을 위한 자료로는 이용되지 않는 것이 일반적이다.

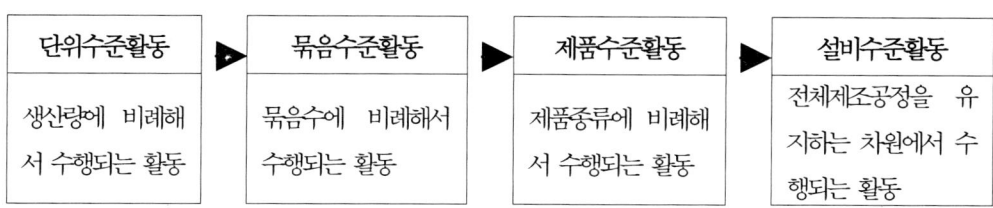

[표 14] 활동의 계층별 분류

(2) 활동기준원가계산절차

앞서 살펴보았듯이 활동기준원가계산(activity based costing)은 기업이 제품을 생산하는 과정에서 소비한 원가를 기업이 생산과정에서 수행한 구체적인 활동별로 집계하고 이를 토대로 활동별로 집계된 원가를 다시 개별 제품과의 인과관계를 충실히 반영할 수 있는 상이한 배부기준(원가동인)을 적용하여 제품에 배부하는 원가계산방법으로 일반적으로 다음과 같은 절차를 통해서 수행된다.

① 활동분석(activity analysis)

활동기준원가계산을 적용하려면 먼저 활동분석을 실시하여야 한다. 활동분석이란 제품을 생산하거나 서비스를 제공하는 데 필요한 활동들을 구분하고 분석하는 것을 말하며 공정가치분석(process value analysis)이라고도 한다.

활동분석을 통해서 기업이 제품생산과 서비스 제공을 위해 수행하는 다양한 활동들을 분석하고 나면 이러한 활동들을 다시 부가가치활동(value-added activity)과 비부가가치활동(non-value-added activity)으로 구분한다. 여기서 부가가치활동이란 기업이 생산하는 제품의 가치를 증가시키는데 기여하는 활동을 말하고 비부가가치활동이란 제품가치 증대에 전혀 기여하지 못하고 자원만 낭비하는 활동을 말한다. 이처럼 활동분석이란 제품원가계산을 위해 기업이 수행하는 활동을 파악하는 것 뿐만 아니라 이러한 활동들을 다시 부가가치활동과 비부가가치활동으로 구분하여 적절한 활동관리를 통한 원가절감방안을 모색하고자 하는 노력으로 정의될 수 있다.

② 활동중심점의 설정 및 활동원가집계

활동분석후 파악된 활동별로 해당 활동을 수행하는데 소비된 자원(원가)을 집계한다. 이처럼 활동기준원가계산에서는 구분된 활동별로 원가를 집계하게 되는데 이를 활동중심점(activity center)이라 한다. 여기서 활동중심점이란 관리자가 활동과 관련된 원가를 별도로 보고하기를 원하는 제조공정의 한 부분이다. 이 경우 활동중심점은 기업이 수행하는 구분된 개별활동별로 각각 설정할 수도 있으며 관련활동들을 하나의 대표활동으로 통합하여 설정할 수도 있다. 이렇게 하면 자원소비의 인과관계를 손상시키지 않는 범위내애서 원가계산의 시간과 노력을 줄일 수 있게 된다.

③ 활동중심점별 원가동인의 선택

활동중심점별로 원가를 집계한 이후에는 집계된 원가를 개별작업이나 제품에 배부하기 위한 원가동인(cost driver)을 선택한다. 원가동인은 활동의 소비(consumption of activity)를 직접적으로 나타낼 수 있도록 인과관계가 높은 것이어야 하며, 원가동인과 관련된 자료를 쉽게 측정할 수 있는 것이어야 한다. 또한 원가동인을 측정하고자 할 때는 어느 수준까지 측정할 것인가를 고려하여야 한다. 표 15는 작업준비활동의 원가동인을 측정하고자 하는 경우 각 개별제품의 작업준비횟수가 원가동인이 될 수도 있으나 각 제품의 작업준비횟수당 투입되는 시간과 노력이 다르다면 작업준비횟수보다는 작업준비시간이 좀 더 인과관계를 정확히 반영한 원가동인이 될 수 있을 것이다.

계층별 분류	활 동	원가동인
단위수준활동	기계작업(밀링, 절삭)활동 직접노동(조립)활동 품질검사(전수)활동 등	기계시간 노동시간 생산량, 품질검사시간 등
묶음수준활동	구매주문활동 작업준비활동 품질검사(표본)활동 재료수령활동 재료처리활동 선적활동 등	구매주문횟수 작업준비횟수(시간), 생산주문횟수 품질검사횟수(시간) 재료수령횟수 재료처리횟수(시간) 선적횟수
제품수준활동	제품설계활동 제품테스트활동 제품광고활동 부품재고관리활동 제품설계변경활동 등	제품설계시간 제품테스트횟수(시간) 제품광고횟수(시간) 부품종류의 수 설계변경횟수
설비수준활동	공장관리활동 건물관리활동 조경활동 냉난방활동 등	기계시간, 노동시간, 점유면적 등

[표 15] 계층별 활동과 그 원가동인의 예

④ 활동중심점별 원가배부율의 계산

활동중심점별로 원가를 집계하고 활동중심점별로 원가동인이 결정되었으면 다음과 같이 활동중심점별 원가배부율을 계산한다.

> 활동중심점별 원가배부율 = 활동중심점별 ÷ 활동중심점별 원가동인량

예제 1) 활동중심점별 원가배부율계산

(주)레드는 축구응원용 티셔츠를 생산하는 회사로 일반형, 고급형 두 종류의 티셔츠를 생산하고 있다. 회사는 제조간접비를 활동기준원가계산에 따라 개별제품에 배부한다. 활동을 분석한 결과 재료수령활동, 작업준비활동, 기계작업활동, 품질검사활동, 선적활동을 활동중심점으로 설정하였다. 각 활동중심점별로 집계된 제조간접비 및 원가동인과 제품별 원가동인소비량은 다음과 같다.

(1-1) 활동별 제조간접비

(단위 : 원)

활동중심점	활동원가	원가동인
재료수령	800,000	재료수령횟수
작업준비	450,000	작업준비횟수
기계작업	225,000	기계작업시간
품질검사	700,000	품질검사횟수
선 적	360,000	선적횟수
합 계	2,535,000	

(1-2) 제품별 원가동인소비량

항목	일반형	고급형	합계
재료수령횟수	3,000회	2,000회	5,000회
작업준비횟수	3,000회	6,000회	9,000회
기계작업시간	15,000시간	35,000시간	50,000시간
품질검사횟수	1,000회	2,500회	3,500회
선적 횟수	1,000회	2,000회	3,000회

■ 요구사항

각 활동중심점별 제조간접비 배부율을 계산하시오

[해답]   (단위 : 원)

활동중심점	활동원가		원가동인의 수		원가동인당 배부율
재료수령활동	800,000	÷	5,000회	=	@160
작업준비활동	450,000	÷	9,000회	=	@50
기계작업활동	225,000	÷	50,000시간	=	@4.5
품질검사활동	700,000	÷	3,500회	=	@200
선 적 활 동	360,000	÷	3,000회	=	@120

⑤ 활동원가의 제품별 배부

활동중심점별로 원가배부율이 결정되었으면 각 제품이 사용한 활동중심점별 원가동인소비량에 ④에서 계산한 활동중심점별 원가배부율을 곱하여 활동원가를 개별제품에 배부한다.

> 각 제품에 배부되는 원가 = 각 제품의 활동중심점별 원가동인 소비량 ×
> 활동중심점별 원가배부율

예제 2) 활동원가의 제품별 배부

예제 1의 (주)레드가 당기에 생산한 일반형, 고급형 티셔츠의 생산량 및 직접원가는 다음과 같다.

(단위 : 원)

항목	일반형	고급형
생산량	12,500단위	10,000단위
직접재료비	200,000	450,000
직접노무비	300,000	400,000

■ 요구사항

예제 1)의 자료를 이용하여 각 제품의 단위당 원가를 계산하시오

[해답] (단위 : 원)

항 목	일반형	고급형	합 계
직접재료비	200,000	450,000	650,000
직접노무비	300,000	400,000	700,000
제조간접비			
재료수령[3]	480,000	320,000	800,000
작업준비	150,000	300,000	450,000
기계작업	67,500	157,500	225,000
품질검사	200,000	500,000	700,000
선적	120,000	240,000	360,000
합계	1,517,500	2,367,500	3,885,000
생산량	12,500단위	10,000단위	
단위당 원가	@121.4	@236.75	

---

[3] 작업별 원가동인의 수 × 활동원가 동인당 배부율

이상의 활동기준원가계산과정을 그림으로 나타내면 그림 6-13과 같다.

활동분석 ▶ 활동중심점의 설정 및 활동원가집계 ▶ 활동중심점별 원가동인의 선택 ▶ 활동중심점별 원가배부율 ▶ 활동원가의 제품별 배부

[그림 6-13] 활동기준원가계산과정

3) 활동중심점의 수와 원가동인 수준의 결정

활동기준원가계산을 구체적으로 적용함에 있어서 활동원가를 개별적으로 집계할 단위인 활동중심점의 수와 각 활동중심점별로 적용할 원가동인의 수준을 결정하는 것은 매우 중요하고도 민감한 사항이다. 즉, 개별적으로 활동원가를 집계할 활동중심점의 수가 증가할수록, 그리고 각 활동중심점별로 적용할 원가동인의 수준이 좀 더 자세할수록 제품원가의 정확성은 높아질 것이므로 경영자가 부정확한 원가정보로 인해 잘못된 의사결정을 초래할 가능성은 낮아지지만 그만큼 원가측정과정에서의 비용이 증가할 수 있기 때문이다. 따라서 경영자는 부정확한 원가정보로 인해 잘못된 의사결정을 하여 발생할 수 있는 손실과 원가측정비용을 고려해서 이 두 비용의 합계가 최소화되도록 활동중심점의 수와 원가동인의 수준을 결정하여야 한다. 다음의 그림 6-14는 이를 잘 나타내주고 있다.

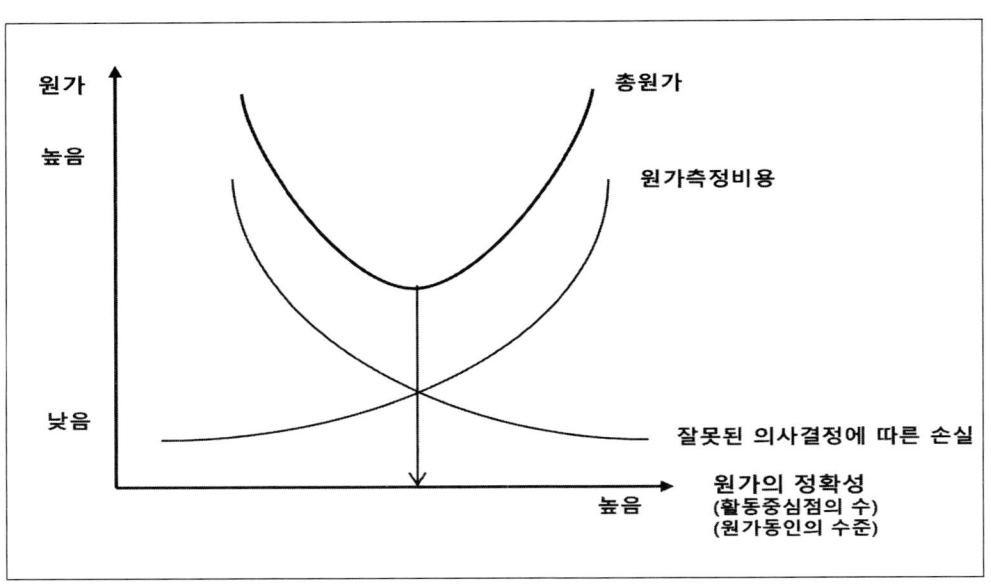

[그림 6-14] 최적활동중심점의 수와 원가동인수준의 결정

예제 3) 활동기준원가계산

고급형과 보급형 두 가지의 보드를 생산하는 (주)슈퍼보드의 생산 및 원가 자료는 다음과 같다.

항 목	일반형	고급형
생산량	2,500단위	20,000단위
단위당 직접노동시간	4시간	2시간
단위당 직접재료비	180원	134.4원
단위당 직접노무비	19.2	9.6

(주)슈퍼보드의 직접노동시간당 임률은 4.8원, 총제조간접비는 2,400,000원이다. 활동기준원가계산을 위해서 다음의 자료를 이용한다.

활동	원가동인	활동별 원가	제품별 원가동인수		
			고급형	보급형	합계
매입주문	주문횟수	100,800	10회	20회	30회
작업지시	지시횟수	259,200	60	120	180
품질검사	검사횟수	540,000	8	22	30
기계관련	기계시간	1,500,000	40시간	60시간	100시간
합계		2,400,000			

■ 요구사항

활동기준원가계산에 의할 경우 고급형과 보급형의 단위당 제조원가는 얼마인가?

[해답]

1. 활동별 원가동인 배부율

매입주문 : 100,800 ÷ 30회 = 3,360/회

작업지시 : 259,200 ÷ 180회 = 1,440/회

품질검사 : 540,000 ÷ 30회 = 18,000/회

기계관련 : 1,500,000 ÷ 100시간 = 15,000/시간

2. 제품별 단위당 제조간접비 배부액

항 목	고급형		보급형
매입주문(3,360원×10회)	33,600	(3,360×20회)	67,200
작업지시(1,440원×60회)	86,400	(1,440×120회)	172,800
품질검사(18,000×8회)	144,000	(18,000×22회)	396,000
기계관련(15,000×40시간)	600,000	(15,000×60시간)	900,000
합계 생산량	864,000 ÷2,500단위		1,536,000 ÷20,000단위
단위당 제조간접비 배부액	345.6		76.8

3. 제품별 단위당 제조원가

항 목	고급형	보급형
직접재료비	180	134.4
직접노무비	19.2	9.6
제조간접비	345.6	76.8
단위당 제조원가	544.8	220.8

4) 전통적 원가계산과 활동기준원가계산의 비교

(1) 전통적 원가계산의 원가왜곡

2에서 살펴보았던 전통적 원가계산방법인 개별원가계산은 과거 제조공정이 노동집약적인 환경하에서 개발된 방법으로 제조간접비를 기계시간, 직접노동시간과 같은 조업도를 기준으로 개별작업, 제품에 배부하는 원가계산방법이다. 그러나 점차 제조환경이 자본집약적인 환경으로 변화함에 따라 증가일로에 있는 제조간접비를 단순히 조업도를 기준으로 제품에 배부하면 더 이상 정확한 제품원가를 계산할 수 없게 되는데 이를 다음과 같은 예를 통해 살펴보도록 하자.

피오나(주)는 작업 #1과 #2를 생산하였는데, 각 작업과 관련하여 투입된 직접노동시간은 다음과 같다.

직접노동시간	작업 #1	작업 #2
	2시간	6시간

회사는 제조간접비를 직접노동시간을 기준으로 각 작업에 배부하며, 발생한 제조간접비 총액은 120원이라고 할 때, 개별작업에 배부되는 제조간접비는 다음과 같다.

제조간접비 배부율 : 120원÷8시간=직접노동시간 15원
제조간접비 배부액 : 작업 #1 = 2시간×15원=30원
　　　　　　　　　　작업 #2 = 6시간×15원=90원

직접노동시간	작업 #1	작업 #1
	2시간	6시간
제조간접비 배부액	30원	90원

피오나(주)는 생산시설을 자동화 설비로 교체하면서 제조간접비가 120원에서 420원으로 증가하였으며, 작업 #2의 직접노동시간은 6시간에서 1시간으로 감소하였으나 작업 #1의 직접노동시간은 변함이 없다고 하자. 이러한 상황에서 제조간접비를 직접노동시간을 기준으로 두 작업에 배부하면 다음과 같다.

제조간접비 배부율 : 420원÷3시간 = 직접노동시간 140원

제조간접비 배부액 : 작업 #1 = 2시간×140원 = 280원

　　　　　　　　　작업 #2 = 1시간×140원 = 140원

직접노동시간	작업 #1	작업 #1
	2시간	6시간
제조간접비 배부액	280원	140원

자동화 설비를 교체한 후에도 제조간접비 420원을 위의 경우처럼 직접노동시간을 기준으로 두 작업에 배부한 것은 과연 합리적일까? 그렇지 않다. 왜냐하면 자동화 설비도입으로 인한 효익은 작업 #2만이 누렸음에도 불구하고 제조간접비는 오히려 작업 #1에 더 많이 배부되었다. 이러한 상황에서 회사는 제조간접비를 합리적으로 배부하기 위한 다른 원가배부기준(원가동인)이 필요할 것이다.

위의 예에서 알 수 있듯이 전통적 원가계산시스템은 제조간접비를 배부함에 있어서 개별제품이 소비한 자원을 정확하게 반영하지 못한다. 이처럼 생산설비의 자동화로 제조간접비의 비중이 커지면서 더 이상 전통적 원가계산시스템으로는 합리적인 원가배부를 할 수 없게 되었고, 그 대안으로 등장한 것이 바로 활동기준원가계산이다. 예제 4)를 통해서 전통적 원가계산방법인 개별원가계산이 갖는 원가왜곡의 문제점을 활동기준원가계산과 비교하여 구체적으로 살펴보도록 하겠다.

예제 4) 전통적 원가계산과 ABC의 비교

(주)슈렉의 제조공정은 제조부문 X, Y로 구성되어 있다. 회사는 개별원가계산제도를 적용하고 있으며 당월 중 작업 #101(제품A), #102(제품B) #103(제품C)를 착수하여 완성하였으며 관련 자료는 다음과 같다.

	#101	#102	#103	합계
직접재료비	₩300,000	₩300,000	₩400,000	₩1,000,000
직접노무비	150,000	250,000	400,000	800,000
제조간접비				
X부문	150시간	150시간	300시간	600시간
Y부문	60	40	100	200
기계시간				
X부문	75시간	80시간	145시간	300시간
Y부문	150	100	250	500
생산량	150단위	150단위	300단위	650단위
단위당 판매가격	₩6,000	₩6,000	₩4,000	

당월 중 발생한 제조간접비는 X부문 ₩525,000, Y부문 ₩775,000 이다.

■요구사항

1. 부문별 제조간접비 배부율을 사용하되, X부문은 직접노동시간, Y부문은 기계시간을 기준으로 배부한다고 할 때 다음을 계산하시오.

(1) 부문별 제조간접비 배부율

(2) 작업별 제조원가와 단위당 원가

(3) 제품별 단위당 이익

2. (주)슈렉의 경영자는 기존의 전통적 원가계산방법인 개별원가계산이 제품원가의 왜곡을 초래한다고 생각하고 정확한 제품원가계산을 위해 활동기준원가계산을 적용하려 한다. 이를 위해 활동분석을 통해 제조간접비를 활동중심점별로 집계한 결과 다음과 같은 자료를 얻었다.

활동중심점	활동원가
재료수령활동	₩320,000
작업준비활동	260,000
조립활동	260,000
도장활동	120,000
품질검사활동	340,000
합 계	₩1,300,000

그리고 각 활동중심점별 원가동인과 각 작업별 원가동인소비량을 다음과 같이 파악하였다.

활동중심점	원가동인	#101	#102	#103	합계
재료수령활동	재료수령횟수	35회	25회	20회	80회
작업준비활동	작업준비횟수	20회	20회	10회	50회
조립활동	조립시간	150시간	100시간	250시간	500시간
도장활동	도장시간	60시간	80시간	160시간	300시간
품질검사활동	품질검사횟수	15회	15회	10회	40회

이를 기초로 다음을 계산하시오.

(1) 활동중심점별 제조간접비 배부율

(2) 작업별 제조원가와 제품단위당 원가

(3) 제품별 단위당 이익

[해답]

1. 개별원가계산을 적용하는 경우

(1) 부문별 제조간접비 배분율

X부문 : ₩525,000÷600노동시간=직접노동시간당 ₩875

Y부문 : ₩775,000÷500기계시간=기계시간당 ₩1,550

(2) 작업별 제조원가와 제품단위당 원가

	#101	#102	#103	합계
직접재료비	₩300,000	₩300,000	₩400,000	₩1,000,000
직접노무비	150,000	250,000	400,000	800,000
제조간접비				
X부문[*1]	131,250	131,250	262,500	525,000
Y부문[*2]	232,500	155,000	387,500	775,000
합 계	₩813,750	₩836,250	₩1,450,000	₩3,100,000
생산수량	150단위	150단위	350단위	650단위
단위당 원가	₩5,425	₩5,575	₩4,143	

*1. ₩875×150, ₩875×150, ₩875×300
 2. ₩1,550×150. ₩1,550×100. ₩1,550×250

(3) 제품별 단위당 이익

	제품 A	제품 B	제품 C
단위당 판매가격	₩6,000	₩6,000	₩4,000
단위당 원가	5,425	5,575	4,143
단위당 이익	₩575	₩425	₩(143)

2. 활동기준원가계산을 적용하는 경우

(1) 활동중심점별 제조간접비 배부율

활동중심점	활동원가		원가동인수		원가동인당 배부율
재료수령활동	320,000	÷	80회	=	@4,000
작업준비활동	260,000	÷	50회	=	@5,200
조립활동	260,000	÷	500시간	=	@520
도장활동	120,000	÷	300시간	=	@400
품질검사활동	340,000	÷	40회	=	@8,500
합 계	1,300,000				

(2) 작업별 제조원가와 제품단위당 원가

	#101	#102	#103	합계
직접재료비	₩300,000	₩300,000	₩400,000	₩1,000,000
직접노무비	150,000	250,000	400,000	800,000
제조간접비				
재료수령[1]	140,000	100,000	80,000	320,000
작업준비[2]	104,000	104,000	52,000	260,000
조 립[3]	78,000	52,000	130,000	260,000
도 장[4]	24,000	32,000	64,000	120,000
품질검사[5]	127,500	127,500	85,000	340,000
합 계	₩923,500	₩965,500	₩1,211,000	₩3,100,000
생산수량	150단위	150단위	350단위	650단위
단위당 원가	₩6,157	₩6,437	₩3,460	

* 1. ₩4,000×35, ₩4,000×25, ₩4,000×20
  2. ₩5,200×20, ₩5,200×20, ₩5,200×10
  3. ₩520×150, ₩520×100, ₩520×250
  4. ₩400×60, ₩400×80, ₩400×160
  5. ₩8,500×15, ₩8,500×15, ₩8,500×10

(3) 제품별 단위당 이익

	제품 A	제품 B	제품 C
단위당 판매가격	₩6,000	₩6,000	₩4,000
단위당 원가	6,157	6,437	3,460
단위당 이익	₩(157)	₩(437)	₩540

예제 4에서 계산된 각 방법하의 제품별 단위당 원가와 이익을 요약하면 다음과 같다.

[제품별 단위당 원가]

	제품 A	제품 B	제품 C
개별원가계산	₩5,425	₩5,575	₩4,143
활동원가계산	6,157	6,437	3,460

[제품별 단위당 원가]

	제품 A	제품 B	제품 C
개별원가계산	₩575	₩425	₩(143)
활동원가계산	(157)	(437)	540

위의 자료를 보면 제품 A와 B의 경우 개별원가계산에서는 이익이 발생하지만 활동기준원가계산에서는 손실이 발생하고 제품 C의 경우는 반대로 개별원가계산에서는 손실이 발생하지만 활동기준원가계산에서는 이익이 발생한다.

이처럼 개별제품의 수익성이 각 원가계산방법에 따라 상반되는 결과를 나타내는 이유는 개별원가계산에서는 제조간접비를 단위수준활동과 관련된 노동시간이나 기계시간기준으로 제품에 배부하므로 묶음수준활동이나 제품수준활동과 같은 비단위수준활동이 제품원가에 미치는 영향을 제대로 고려하지 못하기 때문이다.

위의 예제를 보면 제품 A, B는 생산량이 제품 C에 비해 적으므로 조립활동, 도장활동 등의 단위수준활동은 제품 C에 비해 적게 수행한 반면 상대적으로 원가의 비중이 큰 재료수령활동, 작업준비활동, 품질검사활동 등의 묶음수준활동은 더 많이 수행했다. 구체적으로 작업준비활동의 경우 제품 A, B에 더 많이 배부하여야 한다.

그러나 개별원가계산에서는 이러한 비단위수준활동과 관련된 원가를 노동시간이나 기계시간 등 조업도를 중심으로 배부하므로 오히려 C에 더 많이 배부하게 된다.

이로 인하여 제품원가의 왜곡이 야기된다. 즉, 개별원가계산에서는 비단위수준활동과 관련된 원가조차도 단위수준활동과 관련된 노동시간, 기계시간을 기준으로 배부하기 때문에 제품원가의 왜곡을 초래함으로써 제품별 판매가격 설정이나 수익성평가에 그릇된 의사결정을 야기하게 된다.

(4) 전통적 원가계산과 활동기준원가계산의 비교

전통적 원가계산과 활동기준원가계산은 결국 제조간접비 배부방법이 차이가 남에 따라 원가계산과의 결과가 달라지게 되는데 이러한 차이점을 정리하면 표 16과 같다.

① 전통적 원가계산은 제품이 직접 자원을 소비하여 생산된다고 보는 반면 활동기준원가계산은 기업이 제조과정에서 수행하는 개별활동들이 자원을 소비하게 되고 구체적으로 개별제품은 이러한 활동들을 소비함으로써 생산된다고 봄으로써 더욱 인과관계에 기초한 원가배부가 가능하다.

② 전통적 원가계산은 제조간접비를 공장 전체 혹은 부문별로 집계하나 활동기준원가계산에서는 활동별로 집계한다.

③ 전통적 원가계산은 제조간접비를 공장 전체 혹은 제조부문별로 상이한 배부기준을 적용하여 제품에 배부하지만 활동기준원가계산은 제조간접비를 기업이 수행하는 구체적인 활동별로 집계하여 활동별로 다른 배부기준을 적용하여 제품에 배부하므로 보다 다양한 배부기준을 적용한다.

④ 전통적 원가계산은 단순한 재무적인 배부기준(조업도)을 사용하는 반면에 활동기준원가계산은 비재무적인 다양한 원가동인을 배부기준으로 사용하므로 보다 정확한 원가배분이 가능하다.

구분	전통적 원가계산	활동기준원가계산
기본가정	제품이 자원을 직접 소비	활동이 자원을 소비하고 제품은 이러한 활동을 소비함으로써 생산됨
제조간접비 집계	공장 전체, 혹은 부문별 집계	각 활동분야별로 제조간접비를 세분하여 집계
원가배부기준	공장전체 혹은 부문별로 조업도 관련 단일의 배부기준 사용	활동별로 다양한 원가동인을 인지하여 활동별로 서로 다른 배부기준 사용
배부기준의 성격	직접노동시간, 기계시간 등의 재무적 수치를 사용	활동별로 구매주문횟수, 작업준비횟수, 품질검사시간 등의 비재무적 수치를 사용
원가정보의 정확성	정확성이 낮다 → 비단위 수준활동이 고려되지 않아 원가왜곡 발생	정확성이 높다 → 활동중심점이 많을수록 더 높아짐
소요되는 시간과 비용	원가계산에 소요되는 시간과 비용이 적다	원가계산에 소요되는 시간과 비용이 크다
원가대상	제품이나 부문에 한정	경영자의 의사결정목적에 따라 제품, 서비스, 유통경로, 고객 등 다양하다.

[표 16] 전통적 원가계산과 활동기준원가계산의 차이점

5) 활동기준원가계산 효익과 한계

(1) 활동기준원가계산의 효익

활동기준원가계산은 전통적 원가계산이 갖는 원가왜곡문제를 해결하기 위해 등장한 원가계산방법으로 다음과 같은 효익을 가지고 있다.

① 제조간접비를 활동별로 구분하여 집계하고 각 활동별로 제품, 작업별로 추적할 수 있는 원가동인을 배부기준으로 사용하여 제조간접비를 배부하므로 정확한 원가계산을 할 수 있다.

② 활동을 기준으로 원가계산을 수행하므로 제품구성이 변하더라도 신축적인 원가계산이 가능하다.

③ 보다 정확한 원가정보를 이용할 수 있으므로 제품의 가격결정, 수익성 분석 및 판매전략수립 등과 같은 전략적 의사결정에 더 유리하게 대처할 수 있다.

④ 공정가치분석을 통해 비부가가치활동을 제거하거나 부가가치활동을 효율적으로 수행함으로써 불필요한 원가(비부가가치원가)를 최소화할 정보를 제공함으로써 기업의 원가통제에 유용한 정보를 제공한다.

⑤ 비재무적 측정치를 이용하여 성과평가를 수행함으로써 생산현장관리자와 의사소통을 원활하게 할 수 있으며, 따라서 회사 전체의 효율성 향상을 가져올 수 있다. 즉, 종전에는 원가나 이익 등의 재무적인 측정치에 의존하여 성과평가를 하였으나, 활동기준원가계산에서는 부품의 수, 품질검사시간, 작업준비횟수 등의 비재무적 측정치에 의존하여 성과평가가 이루어지므로 현장관리자가 이해하고 받아들이기가 용이하다는 것이다.

(2) 활동기준원가계산의 한계점

위와 같이 활동기준원가계산은 기업의 원가계산과 경영관리의 여러면에 효익을 가져다 주지만 다음과 같은 한계점도 가지고 있다. 따라서 경영자는 활동기준원가계산 도입시 사전에 도입여부를 충분히 검토하여야 한다.

① 활동을 명확히 정의하고 구분하는 기준이 존재하지 않기 때문에 관리자의 주관적 판단에 의존할 수밖에 없다.

② 활동분석을 실시하고 다양한 활동중심별로 활동원가를 측정하는데에 시간과 비용이 과다하게 소요된다.

③ 공장냉난방비, 공장감가상각비 등의 설비수준원가는 그 원가동인을 파악하기가 어려우므로 기계시간이나 노동시간 등의 자의적인 원가배부기준을 적용할 수밖에 없다.

④ 활동기준원가계산하에서 원가절감방안을 모색하다 보면 활동원가를 유발시키는 원가동인을 감소시키는데 주력하게 되는데 이것이 오히려 회사 전체의 재무적 성과에 악영향을 미칠 수 있다. 예를 들어 작업준비원가의 원가동인이 작업준비횟수일 때 작업준비원가를 절감시키려면 작업준비횟수를 줄여야 하는데 이 과정에서 묶음의 크기를 증가시킬 경우 불필요한 생산과잉의 문제가 나타날 수 있다.

(3) 활동기준원가계산의 효익이 큰 기업의 유형

활동기준원가계산을 실행하기 위해 경영자는 활동기준원가계산의 도입에 따른 추가적인 비용과 효익간의 관계를 고려하여야 하는데 다음과 같은 특성을 가지고 있는 기업의 경우 보다 큰 효익을 얻을 수 있을 것이다.

① 제조원가에서 제조간접비가 차지하는 비중이 상대적으로 크고 계속 증가하는 경우

② 제조공정에서 요구되는 활동이 제품별로 상당한 차이가 있는 경우

③ 기존원가계산제도에서 얻어진 원가정보에 대해 경영자가 상당히 회의적인 경우

④ 기존원가계산제도가 도입된 후 제조공정이 급격히 변화한 경우

⑤ 복잡한 생산공정에서 여러 제품을 생산하는 경우 등

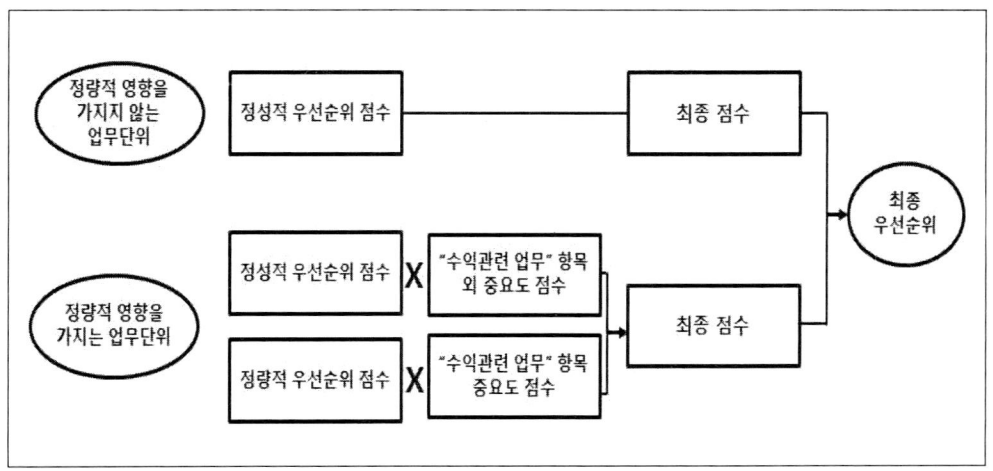

[그림 6-15] 최종 우선순위 결정 방법

그림 6-15은 정성적 우선순위와 정량적 우선순위로부터 최종 우선순위를 결정하는 과정을 도시하고 있고 그림 6-16은 이에 대한 예이다. 정량적 영향을 가지지 않는 업무단위는 정성적 우선순위에 따른 우선순위 점수를 그대로 가져간다. 즉, 이는 정성적 우선순위 산정시 "수익관련업무"에 체크되지 않은 단위업무이며, 정성적 우선순위 선정시 "수익관련 업무" 항목에 할당된 중요도 점수가 빠져서 종합적으로 고려된다.

정량적 영향을 가지는 업무단위는 정성적 우선순위 선정에 따른 우선순위 점수에 "수익관련 업무" 외의 업무성격 분류 항목의 중요도 점수의 비중을 가져가고, 정량적 우선순위 선정에 따른 우선순위 점수에 "수익관련 업무" 항목에 할당된 중요도 점수의 비중으로 최종 점수를 가져간다.

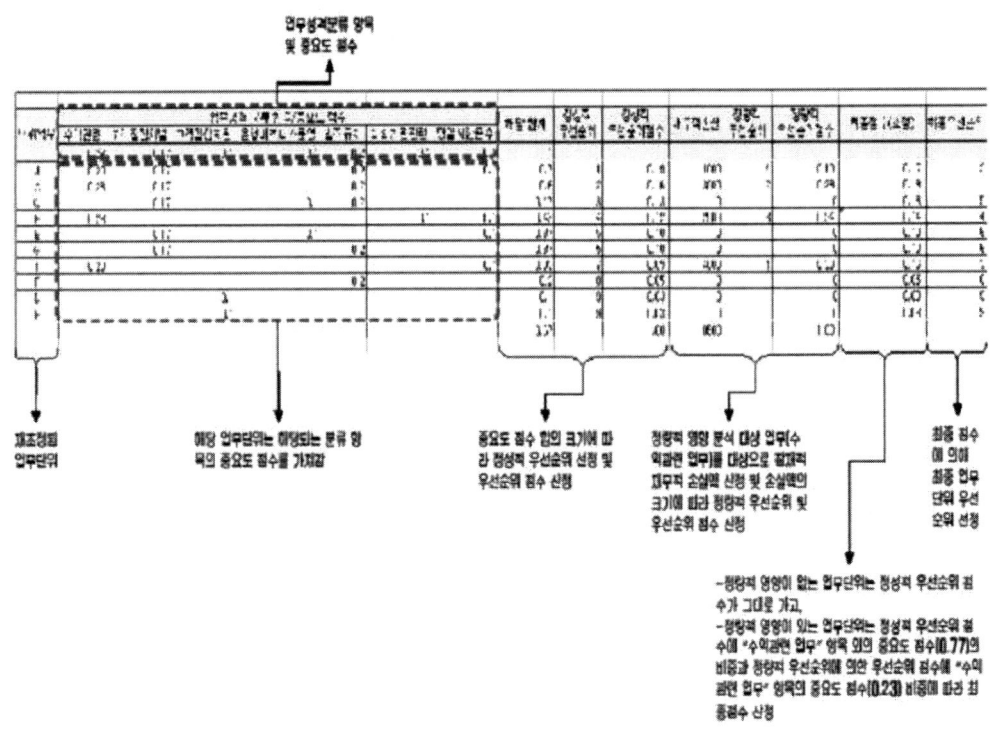

[그림 6-16] 정성적 정량적 분석 결합 예

제 3 절 주요 프로세스의 복구 시간 설정(RTO)

그림 6-17의 매트릭스에서 그룹 B에 포함되는 프로세스들은 기업에서 보통 상품이나 서비스를 날마다 정상적으로 납품, 출하 및 제공하는데 필요한 업무 활동들을 가리키며 이를 필수적(essential), 혹은 주요한(critical) 또는 열쇠(key)가 되는 프로세스라고 말한다. 이러한 주요 프로세스들이 조직의 내·외부에서 발생한 위기들로 말미암아 중단되었을 때, 피해를 최소화하면서 정상적인 수준으로 회복하는데 소비되는 시간을 어느 정도 설정하

면 될까가 주요관심 사항이다. 이것을 우리는 흔히 복구시간목표(recovery time objective : RTO)라고 말하는데, 데이터 손실과 밀접한 관련성이 있는 RPO(recovery point objective)와는 달리 RTO는 재무적인 측면에서 바라보는 시각이다.

그림 6-17에서 보듯이 RTO는 프로세스가 중단된 시점부터 운영 가동될 뿐만 아니라 현재 정확한 데이터를 가지고 갱신하여 운영할 수 있는 시점까지를 의미한다. 이 시간을 클라이언트/서버 시스템 구조에서는 8시간부터 24시간을 설정하였지만, 네트워크 시스템 구조에서는 4시간 이내로 복구 목표를 갖는다.

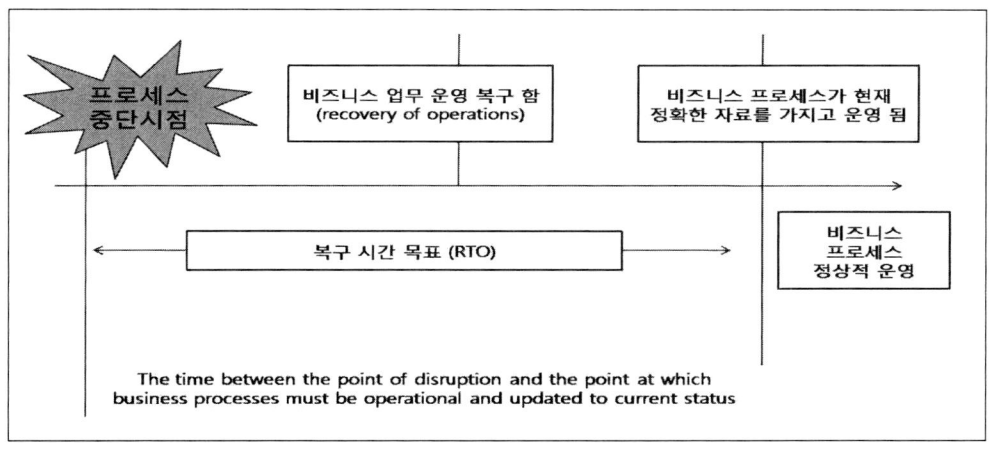

[그림 6-17] RTO 정의

구체적으로 업무 단위(프로세스) 별로 RTO를 설정하기 위해서는 다양한 시간 주기 즉 시간(4~12시간), 하루, 이틀 등으로 가동 중단에 따른 영향(비용)을 예측한다.

그 비용은 다섯가지 측면에서 고려한다.

첫째, 직접 손실, 보상 지불, 장래 수입 상실, 청구 금액 손실, 투자 손실 등 같은 수입(revenue)이다.

둘째, 영향을 받는 종업원 수가 일하지 못하는 시간 동안 상실되는 생산성(productivity)문제이다.

셋째, 고객, 공급자, 금융시장, 은행, 비즈니스 협력관계에 피해를 입히는 명성(reputation)에 관한 것이다.

넷째, 현금 흐름(cash flow), 할인기회 상실, 신용등급, 주식가격, 지불승인 등과 같은 재무성과(financial performance)측면이다.

마지막으로, 임시고용비용, 장비대여, 시간 초과수당, 초과 선적 비용, 여행비용 등 기타 지출에 관한 비용이다. 위와 같은 비용요소를 시간대 별로 고려하여 주요 프로세스들의 최적 복구 시간을 목표로 하여 명시한다.

결론적으로 조직이 직면한 환경에 따라 다르겠지만, 비즈니스 영향 정도를 평가한 후 전략적 계획에 맞추어 RTO를 설정, 모의훈련을 통하여 이를 수정하면서 실현 가능하도록 해나가는 것이 중요하다.

그림 6-18은 RTO 정의를 위한 고려 항목을 도시한다. 금융기관의 경우 비상시 금융기관 전산망 안전 강화 대책에 따르면 금융권 별 핵심 업무의 재해복구를 3시간 이내에 완료할 것을 권고하고 있다. 또한, 업무 특성에 따라 중단을 허용할 수 없는 업무는 RTO를 즉시로 정의하고, 기업 업무의 마감시한으로써 의미가 있는 것은 1일을 RTO로 정의 한다.

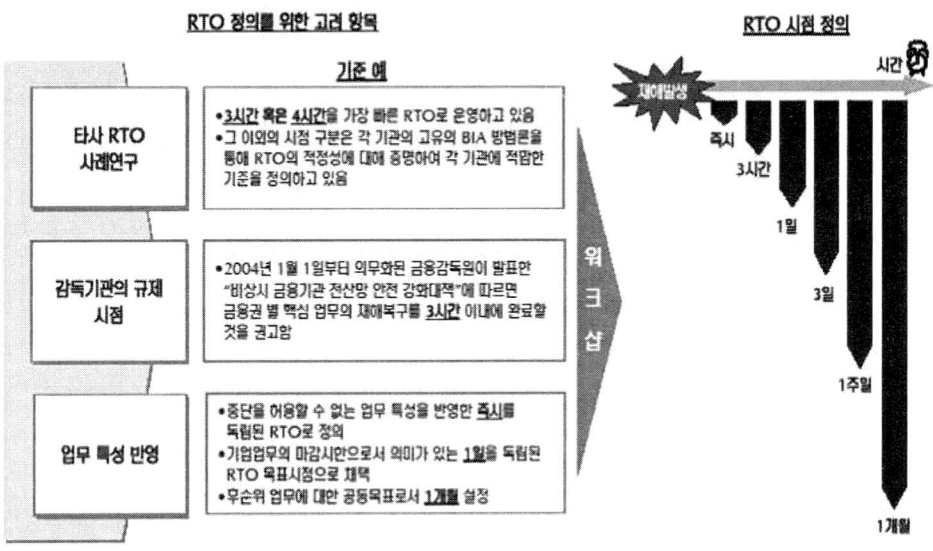

[그림 6-18] RTO 정의를 위한 고려 항목

그림 6-19는 금융권의 RTO를 정의하기 위한 과정이다. 유사 금융권 및 선진 금융기관의 사례조사를 통하여 금융권의 RTO를 벤치마킹하고, 금융권 법적 규제 사항을 조사한다. 금융권별 핵심업무에 대하여 은행, 증권, 카드사, 거래소 등은 3시간 이내에 복구되어야 하고, 보험사는 24시간 이내에 복구되어야 한다. 또한 해당 분야의 업무 특성을 반영하고, 유사한 프로젝트 경험 등을 통해 RTO Time Frame을 정의한다.

RTO 2시간은 전형적으로, 평상시 비즈니스 운영비용의 10배에 해당하는 비용이 발생되며, 업무 연속성 계획 및 실행의 수준이 낮다면, 이는 이보다 2배~5배 까지도 더 소요된다.

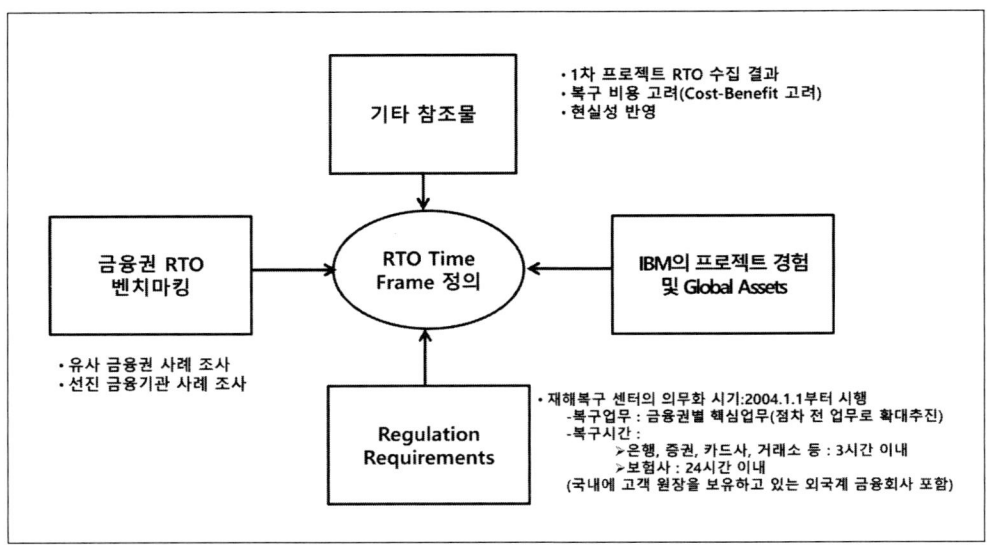

[그림 6-19] 금융권 RTO 정의 과정

제 4 절 전략적 계획

1. 전략적 고려사항

비즈니스 영향력을 평가 한 후, 그 결과를 가지고 수행되는 전략적 계획(strategic planning)은 특정한 목표를 향하여 조직적인 실무 행동들을 안내하는 전략들을 개발하는데 초점을 둠으로써 어떠한 비즈니스의 복잡성을 극복하는데 목적이 있다. 그리고 이 계획은 의미를 찾아내고, 의사결정을 하고, 우선순위를 부여하고, 전략과 시나리오를 개발하는 것을 포괄하기 때문에 Smith(1993)가 말하는 네 가지 영역 중에서 해석(interpretation)과 의사전달(communication)에 중점을 두고 있다.

프로세스 중단 확률과 비즈니스 영향력이라는 두 요소를 결합함으로써 활용성이 높은 단순한 모델을 만들어낼 수 있다. 그림 6-20에서 보듯이 2차원 매트릭스에 각 비즈니스 프로세스가 플롯된다. 수평축은 프로세스 중지로 인한 비즈니스 영향력을 의미하며, 수직 축은 프로세스 중단 확률을 가리킨다. 이 두 축의 관계는 하나의 위기에 대해서 비즈니스 영향력 평가에 따른 그 결과를 보여준다.

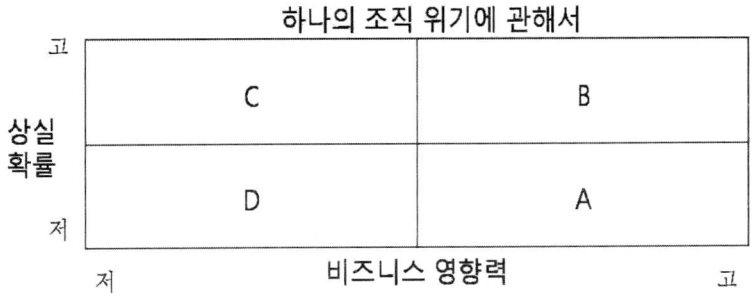

[그림 6-20] Probability-Impact Matrix

그룹 A는 위기로 인하여 중단될 확률은 낮지만 일단 발생하면 조직에 엄청난 피해를 주는 비즈니스 프로세스들이다. 그룹 B는 상실 확률도 높으면서 심각 정도가 높은 비즈니스 프로세스 그룹이다. 그룹 C는 프로세스 상실 빈도수가 높지만 영향력이 심각한 편은 아닌 프로세스들이다. 그룹 D는 위기가 발생하더라도 프로세스가 중단되거나 그로 인한 영향의 크기가 미미한 프로세스 그룹이다. 위 매트릭스는 비즈니스 프로세스 상태들을 평가하는 데 도움을 준다.

프로세스 연속성에 대한 요구사항들을 명확하게 얻기 위해 매트릭스에 있는 프로세스에 대한 적절한 해석을 해야 한다. 일반적으로 그룹 B에 속하는 프로세스들은 가장 높은 우선순위를 부여받으며, D 그룹의 프로세스들은 그렇지 않다. 등급이나 우선순위 부여는 또한 하나의 그룹 안에서도 가능하다. 그룹 A와 B에 있는 프로세스들은 조직의 생존 문제가 달려 있기 때문에 최고 경영층이 전적으로 간여해야 한다. 그룹 B에 있는 비즈니스 프로세스들을 소위 주요한(critical) 프로세스들이고 일컬으며 경영층의 관심이 필요하다. 그룹 C나 D에 속하는 프로세스들은 최고 경영층이 조직 생존문제와 거리가 멀기 때문에 별 관심을 두지 않는다.

비즈니스 상시 운영에 중요한 부분을 차지하는 비즈니스 프로세스들을 관리하기 위한 견해를 밝히는데 도움을 주는 이 매트릭스 모델은 주요한 프로세스에 준하여 조직위기 요소에 대응하는 상시운영계획을 만들고, 최악의 경우에 대비하는 시나리오를 준비하고 누가 계획과 행동에 책임을 질지 담당하게 하는 능력 향상에 기여 할 것이다. 게다가 왜 이 비즈니스 프로세스가 주요한지와 그에 따른 상시운영계획과 시나리오 개발 필요성을 이해하기 쉽고 설득할 수 있게 최고 경영층에 설명이 가능하다.

미국 FEMA에 의하면, 자연 재해 범주에서 익명과 재산에 오랫동안 계속되는 리스크를 감소시키거나 제거시키는 노력을 지속적으로 하는 행위를 완화(mitigation)라고 정의한다. 조직에서 발생하는 위기로 인하여 조직 구성원과 조직 자원에 미치는 영향을 감소시키기 위해 조직 차원에서 계속해서 노력을 기울이는 것이 필요하다.

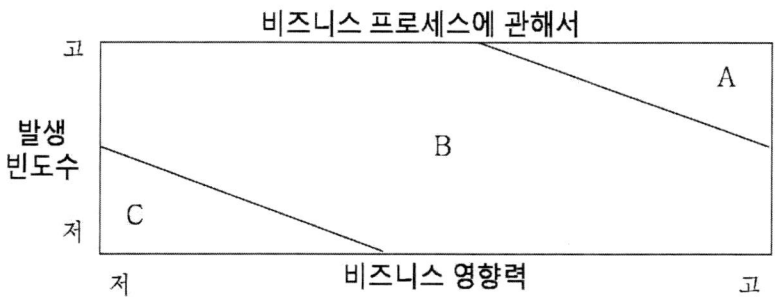

[그림 6-21] 비즈니스 프로세서들에 영향을 미치는 조직 위기들 분포

그림 6-21은 비즈니스 프로세스 측면에서 영향을 미치는 정도에 따라 위기들을 분류한 것이다. A영역은 인간의 힘으로서는 어떻게 할 수 없는 천재지변의 영역에 속하는 범주이며, C부분은 발생 빈도수가 너무 적어 관리할 필요가 없는 영역이다. 따라서 영역 B부분에 속하는 조직 위기들에 관하여 우선적으로 완화전략(mitigation strategy)을 세우게 된다. 예방 차원의 노력으로서 정책과 백업시설의 준비들이 완화 전략들인데, A영역과 B영역에 위치한 조직 위기들을 경감하기 위한 구체적인 완화 실행 계획(mitigation action plan)을 수립하기 위해 이 전략들이 개발된다.

궁극적으로 비즈니스 프로세스의 영향력에 관하여 어떠한 위기 요소들에 대해 예방 혹은 대비해야 하는지, 그리고 조직위기에 대응하는 현실(실현)가능성이 있고 효율적인 방안들이 없다면 어떠한 예방책을 준비해야 하는지를 결정하는데 위 모델을 활용할 수 있다.

2. 업무연관성 분석

업무 단위의 복구 목표시간을 설정함에 있어 업무 단위 간의 상호 연관성을 조사함으로써 선행 업무가 후행업무보다 빨리 복구될 수 있도록 하여 재해 시 정상적으로 영업 연속성을 호보하기 위함이다. 즉, 업무 연관성 분석수행은 업무 단위간 선행, 후행 연관관계를 조사 및 분석하는 작업이다. 선행 업무가 긴밀히 연관된 후행업무보다 RTO가 느리면 완벽한 업무재개를 수행할 수 없다는 전제아래, 업무 단위간의 유관관계를 파악함으로써 RTO를 조정하여 재해 상황의 영업 연속성을 성공적으로 확보할 수 있다.

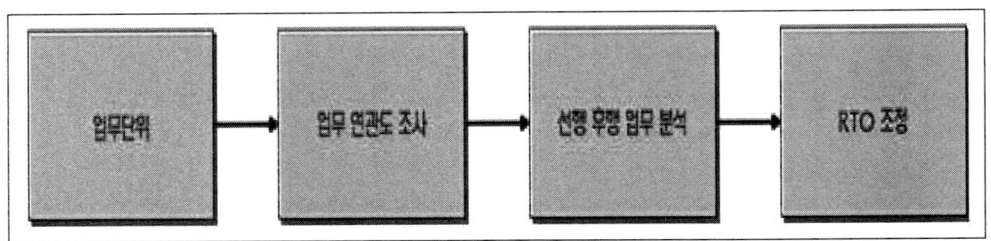

[그림 6-22] 업무연관성 수행 절차

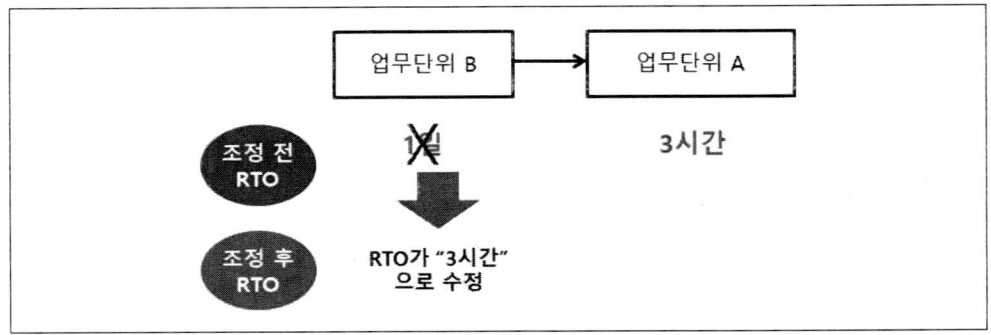

[그림 6-23] 업무연관성에 의한 RTO 조정 전·후

3. 최종 RTO/RPO 정의

정성적/정량적 분석과 업무의 연관성을 고려하여 도출된 복구시간목표(RTO)는 행내 전략을 결정하는 경영층의 시각을 통해 최종적으로 검토되며, 재해복구와 관련된 업무는 기업에 미치는 영향을 최소화 하기 위해 긴급히 복구될 수 있도록 RTO를 조정한다. Bottom-Up으로 이루어진 업무영향분석의 결과물인 전사 업무단위의 RTO에 대하여 Top-Down 방식의 경영층 시각을 반영하여 RTO를 조정함으로써 전사의 전략을 결정하는 경영진의 시각으로 복구목표시간을 검증받음으로써 업무단위별 복구목표시간을 확정하는 과정이다. 또한, 재해 시 신속한 대응 및 중요한 업무 수행 및 지원을 위해 필요한 업무는 업무영향분석을 통해 우선순위가 낮다 하더라도 RTO 조정을 통해 빠른 시간안에 복구되어야 한다.

업무연속성 대상 업무 단위에 대하여 정성적/정량적 분석에 의한 우선순위, 업무 연관성 분석 결과, 전략적 고려사항 등에 따른 조정사항들을 반영하여 최종적으로 재해복구 주요 목표인 복구목표시간(RTO) 및 목구 목표시점(RPO)를 정그림 6-24와 같이 정의한다.

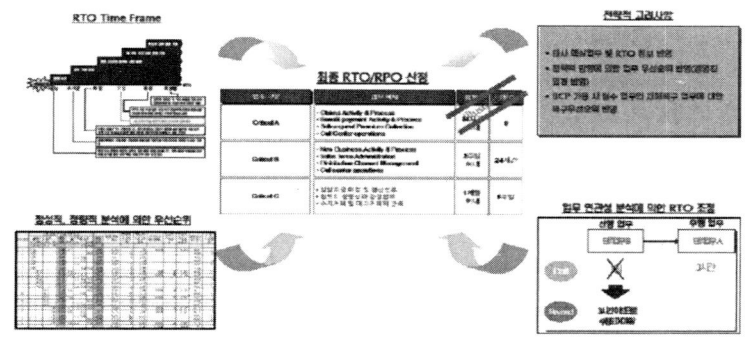

[그림 6-24] 최종 RTO/RPO 산정

제 7 장 ER (Emergency Response)

제 7 장 ER (Emergency Response)

제 1 절 개요

계획서 수립 목적은 원인이 무엇이든 상관없이, 조직이 업무중단에 대응하는데 필요한 자원(resources)과 조치(actions)를 파악하는 것이다.

효과적인 대응을 위한 핵심 요건(key requirements)은 다음과 같다.
- 사고에 대한 명확한 보고, 대응, 통제절차
  (Clear procedure for escalation and control of an incident)
- 이해관계자와의 의사소통(Communication with stakeholders)
- 중단된 활동들을 재개하기 위한 계획
  (Plans to resume interrupted activities)

위의 목적을 달성하기 위한 방법과 계획서 체계는 매우 다양하며, 여기서는 그 중 하나의 방법을 소개하고 있다. 어떤 계획서 체계를 적용하든지 간에 중요한 것은 선택된 방법이 조직의 문화에 맞아야 한다는 것이다.

계획서에 기술된 여러 활동들은 모든 사고와 위협에의 대응을 다루지 않는다. 특정 사고, 사건에 대해서 대응하는 담당자가 사전에 정해진 절차를 상황과 사고의 특성에 맞게 유연성을 가지고 적용하는 것이 필요하다.

영국 긴급(비상)서비스(UK Emergency Services)에서 사용하는 사고대응 모델(incident response model)에서는 그림 7-1과 같이 금(Gold), 은(Silver), 동(Bronze)으로 불리는 사고대응의 세 가지 단계(tier)를 보여주고 있다. 이 모델을 조직의 사고대응체계에 적용하는 경우 역할과 책임은 다음과 같다.

금	전략레벨	경영진 (예. 비상대책위원회)
은	전술레벨	BCM팀 (예. 종합상황실, 코디네이터)
동	운영레벨	사고대응 및 업무복구 팀

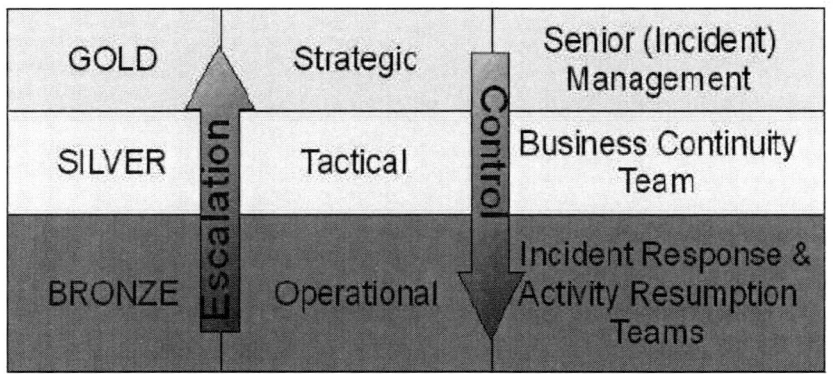

화살표(윗쪽방향) : 사고보고

화살표(아래쪽방향) : 통제, 지휘

[그림 7-1] 전략 레벨 - 사고관리계획

Strategic Level - Incident Management Plan(IMP)

IMP는 경영진이 조직에 영향을 미치는 위기의 전략적 이슈를 어떻게 다루고 관리하는지를 정의하며, 주로 해당 사고가 비즈니스연속성계획(업무연속성)이 다루는 범위 내에 속하지 않는 경우에 IMP에서 이를 담당한다.

다시 말해서 업무중단에 의해 야기되는 위기(crisis)가 아닌, 예를 들어 적대적 인수(hostile take-over), 미디어/여론 노출(media exposure)[4], 그리고 국가전체의 비상사태(national emergency)와 같이 조직의 BCM 전략의 대상과 범위를 넘어서는 광범위한 위기들이 포함된다.

예전에는 IMP를 위기관리계획(Crisis Management Plan)으로 주로 불렀다. 뉘앙스의 문제이기도 하지만, 만약 어떤 조직에서 위기관리팀을 조직했다는 것을 언론이 아는 경우에, 외부의 시각으로는 무언가 큰 문제가 발생한 것이 아닌가 하는 오해를 불러일으킬 수 있다. 하지만 '사고' incident라는 용어는 상대적으로 덜 부정적인 단어로 인식되고 있어 여기서는 위기관리계획(CMP)이 아닌 사고관리계획(IMP)로 사용한다.[5]

---

[4] 일부 조직에서는 미디어(홍보) 활동을 업무연속성에서 다루는 경우가 있지만 미디어노출과 같은 리스크에 대해서는 일반적으로 IMP에서 관리한다.

[5] 전문가 집단, 국가 등에 따라 crisis가 보다 선호되는 경우도 있으며 이 책 서두에서 언급한 업무연속성(Business Continuity Planning)와 BCM(Business Continuity Management) 역시 혼용되어 사용되고 있으나 의미하는 내용은 대동소이하다. 업무연속성, BCM을 어떤 조직에서는 COB(Continuity of Business)로 언급하고 있는 곳도 있으며 Continuity Of Operations (COOP), Continuity of Government (COG) 등 동일한 내용을 가지고 용어의 취사선택에 있어서 개인, 단체별로 선호도가 달라 혼용되고 있다.

1. 전술 레벨 - 비즈니스연속성계획
Tactical Level: Business Continuity Plan 업무연속성

업무연속성은 초기대응(initial response)에서 정상적인 상태로의 복원(normal business operations are resumed)까지의 업무중단, 손실을 주로 다루며, 합의된 비즈니스연속성 전략을 기반으로 BCM팀과 유관 부서에 상세 수행절차를 제공하고 특히 역할, 책임을 할당하며, 권한을 부여한다.

또한 계획은 복구서비스업체와 긴급서비스 제공 기관과 같은 조직 외부와의 상호관계와 원칙에 대해서 자세히 다루어야 한다. 만약 어떤 사고나 이벤트가 업무연속성이 근거로 삼고 있는 가정의 범위를 넘어서는 것이라면 그러한 상황은 IMP 담당자에게 문제의 심각성을 보고(escalation)해야 한다.

2. 운영 레벨 - 업무(부서별) 상세복구계획
Operational Level: Activity Resumption Plans(ARP)

운영 팀에게는 정상적인 업무기능으로의 복원을 위한 계획을 제공하며, 인프라 관리를 담당하는 시설관리(facilities), IT 팀에게 있어서의 계획은 기존 제공서비스의 복원을 위한 체계나 대체 시설을 제공하는 역할을 한다.

3. Timeline

사고 발생 시 단계별로 세 가지 계획이 각기 다른 이슈를 다루게 된다.

사고 단계	상황	IMP	업무연속성	ARP
1	즉각적 영향 Immediate aftermath	미디어관리 media management 전략평가 strategic assessment	긴급 서비스 연락 emergency services liaison 피해 평가 damage assessment BC 서비스 공식발동 formal invocation of BC services	피해 최소화 및 구조(시설) damage limitation and salvage (Facilities) 사상자관리(인명보호) casualty management (HR)
2	피해 발생 Damage contained	미디어관리 Media management BC팀 모니터 Monitoring BC team	대체자원 동원 Mobilizing alternative resources	직원연락 Staff communication
3	재개 시작 Resumption beginning	*	대체자원 관리 Managing alternative resources	핵심업무 활동 복구,재개 resumption of time-critical activities
4	정리통합 Consolidation	검토 review	** 검토 review	추가적인 활동과 프로젝트 복구,재개 resumption of further activities and projects

* 해당 단계에서는 업무연속성와 ARP가 주로 적용되며, IMP의 역할은 계속 사고, 재해 상황집계, 모니터링 정도 등으로 국한된다.

** ARP에 의한 핵심업무 복구, 재개 활동이 단계③에서 대부분 이루어지기 때문에 단계④에 와서는 업무연속성은 검토 정도의 역할을 하게 된다.

4. 비례/축소 Scalability

앞에서 언급한 세 가지 레벨이 단일 사업장을 보유한 중간 정도의 규모의 조직에 적합한 모델이라고 한다면, 이보다 더 작은 규모의 조직의 경우에는 한 실무팀이 전술적, 전략적 책임과 역할 모두를 수행해야 하는 현실적인 어려움이 있다. 하지만 여전히 한 실무팀, 아니 한 사람의 담당자 밖에 없는 경우라도 사고대응 뿐 아니라 전략적인 이슈를 다루는 것은 중요하다.

복수의 사업장을 보유하고 있는 조직의 경우에는 다양한 모델의 적용이 보다 적절 할 수 있고, 앞에서 소개한 세 가지 레벨 이외에도 추가적인 레벨, 조직의 도입이 필요할 수 있다. 예를 들어, 본사 BCM팀의 지원을 받는 각 사업장 별 사고대응팀(Incident Management Team : IMT)을 조직하고 주요 사업장(해외지사나 글로벌 기업의 경우에는 국가별로)에는 해당 사업장 전담 BCM팀을 조직할 수 있다.

참고문헌

참 고 문 헌

- (사)한국비시피협회, 재난관리사 및 지도사 교재
- 한채옥, "재난관리 업무연속성 계획에 관한 분석 및 사례연구", 2015.12.
- 재난 및 안전관리 기본법
- 안전혁신마스터플랜, 2015.04.
- 국가민방위재난안전교육원, "재난관리와 정책의 이해", 2015.10.27.
- 국민안전처, "사회재난복구사업 관리체계 구축방안", 2016. 11.
- 이상현, CNB JOURNAL 360호, "성과를 창출하는 협업이 '협업'이다", 2014.
- 행정안전부, "특수재난 협업지수 산정 모델 개발에 관한 연구", 2017.11.
- 국립재난안전연구원, "국가재난관리 표준 프레임워크 구축전략", 2015.12.
- 김기환, "해양재난사고 시 현장지휘관의 의사결정에 관한 연구", 해양환경안전학회 2014년 추계학술발표회, 2014.11.
- 유인술, "한국의 재난관리대책", Hanyang Medical Reviews, 2015.
- 임상규, "협력적 재난대응역량 강화를 위한 시론적 연구", 한국위기관리논집 제11권 제7호, 2015.07.
- 행정안전부, "재난 및 위기관리 리더십 사이버 콘텐츠 개발 연구", 제10강 재난관리자 역량 강화 훈련, 2016.
- 행정안전부, "한국형 재난현장 대응수습 표준체계 개발연구", 2015.08
- 행정안전부 중앙안전관리위원회, "국가안전관리기본계획(2015~2019)", 2015.
- 김찬오, "2016 재난대응 안전한국훈련 평가 당부 사항", 국민안전처, 2016.04.
- 우재봉, "재난현장의 지휘역량 강화방안에 관한 연구", 2011.12.
- 소방방재청, "선진 재난관리체계 사례연구를 통한 한국형 재난관리체계 선진화 방안 기획연구", 2013.03
- 행정안전부, "국가안전관리계획 기능 강화 방안 연구 용역", 2008.12.

참 고 문 헌

- 정윤한, "외국의 재난안전관리시스템 운영사례", 특별기획 지방자치단체의 방재 정책 방향, 2013. 4월호.
- 임상규, 최우정, 곽창재, "재난대응활동계획 기반의 협력적 재난대응체계 연구", 한국정책학회·한국지방정부학회 공동 추계학술대회, 2015.
- 한국법제연구원, "재난안전 관련 법제 개선방안 연구", 2014.12.
- 김영규, 임송태, "효율적인 재난구조계획 수립요건에 관한 연구", 지방행정연구 제10권 제3호 통권 37호, 1995.11.
- 양기근, "효율적 재난대응을 위한 재난현장지휘체계의 개선방안 : 한국과 미국의 비교론적 관점", 사회과학연구 제34권 제3호, 2008.07.
- 소방방재청, "긴급구조통제단 운영 개선 방안 연구", 2012.10.
- 소방방재청, "재난현장 지휘체계 구축 및 유관기관 간 협력강화 프로그램 개발", 2013.03.
- 국민안전처, "통합적 재난안전관리 체계 재정립 방안연구", 2017.5.31.
- 국가기술표준원, "KS A ISO 22320:2014 사회 안전—긴급사태 관리—사고 대응의 요구사항", 2014.
- (사)한국비시피협회, "KS A ISO/PAS 22399:2008 사회안전(Societal Security) IPOCM, 사고 대비 및 운영연속성관리 가이드라인", 재난관리사 교육자료, 2009.
- 윤승환, "기능연속성(COOP) 운영체계 설명", 국가민방위재난안전교육 1기 공공분야 기능연속성 운영과정, 2018.03
- 소방방재청, "공공기관 기능연속성 계획 국내 도입방안 연구", 2013.08.
- (사)한국비시피협회, "재난관리연속성", 천안공무원교육 최고관리자과정, 2015.10.16.
- 김윤권, "정부조직관리의 협업행정에 관한 연구", KIPA 연구보고서, 2014.11.
- 국립국어원 표준국어대사전, http//stdweb2.korean.go.kr
- 조세현, "정부3.0 내재화를 위한 협업 활성화방안:수산물안전관리체계를 중심으로", 정부3.0 컨퍼런스, 2015

참 고 문 헌

- 농촌진흥청, "농촌진흥청 협업과제 진단분석 및 활성화 방안 연구", 2015.10.
- 이대웅, 이지현, "재난안전 부문 조직구성원의 협업이 직무성과에 미치는 영향: 협업을 형성하는 행위자의 유형을 중심으로", 한국지방정부학회 춘계학술대회 및 국제학술회의 발표논문집, 2018.
- Lai, E. R, "Collaboration", A Literature Review. Pearson, 2011.
- Himmelman, A. T,"Collaboration for a Change", Definitions, decision-making models, roles, and collaboration process guide, Himmelman Consulting, Minnieapolis, 2002.
- Bardach, E, "Getting Agencies to Work Together" The Practice and Theory of Managerial Craftsmanship. Washington, D.C. Brookings Institution, 1998.
- McGuire, M, "Collaborative public management"assessing what we know ad how we know it, Public Administration Review, 2006.
- Linden, R. M, "Working Across Boundaries", Making Collaboration Work in Government and Nonprofit Organizations, San Francisco, Jossey-Bass, 2002.
- 산업통상자원부, "중소·중견기업 협력 활성화를 위한 협업모델개발 및 정책방향", 2014.
- 조필래, "OSH RESEARCH BRIEF 안전보건연구동향", Vol. 30 , 2010.2.
- 국가기술표준원, "KS A ISO 22301 사회안전 비즈니스연속성관리시스템 요구사항", 2013.
- 행정안전부, "대규모 복합재난대비 체계적인 훈련방안 연구", 2011.12.
- (사)한국비시피협회, "재난관리지도사 58기 Emergency Response Workshop 교육자료", 2017.
- 배상원, "우리나라 재난관리 정책 및 방향", 2015.01.
- 소방방재청, "재난대응계획 수립 및 상호협력체계 구축방안 연구", 2012.09.
- 최민음, "SWOT 분석에 대하여", 2016.01.29.

저자 약력

정영환

ISO/TC292 Security & Resilience 한국대표
현)국가산업표준심의위원회 위원
현)사단법인 한국비시피협회 회장
현)재난대응안전한국훈련 중앙평가단 부단장(행정안전부)
현)표준협회 공공서비스(재난·안전) 전문위원회 대표위원
전)사단법인 사회안전학회 회장(행정안전부 소속)

한채옥

사회안전학 박사(Ph.D)
현)사단법인 한국비시피협회 강사
현)재난대응안전한국훈련 중앙평가위원(행정안전부)
현)한양대학교 대학원 겸임교수(업무연속성 공학)
전)경희대학교 대학원 겸임교수(재난관리론/위기관리론)

업무연속성 구축 방법론

1판 1쇄 발행 2021. 3. 5
지은이 정영환, 한채옥

펴낸곳 ㈜위기관리경영
주소 서울시 영등포구 가마산로46가길 9, 2층(대림동)
대표전화 02-735-0963

값 35,000원
ISBN 978-89-962587-1-1(93300)

이 책의 저자와 출판사의 허락없이 내용의 일부를 인용하거나 발췌하는 것을 금합니다.